U0522555

"东大学霸"的小组讨论高分笔记

[日]吉田雅裕 著
东大案例学习研究会 编
韩冰 译

山东友谊出版社·济南

TODAISEIGA KAITA GIRONSURU CHIKARA WO KITAERU
DISCUSSION NOTE by Masahiro Yoshida
Copyright © 2014 Masahiro Yoshida
All rights reserved.
Original Japanese edition published by TOYO KEIZAI INC.

Simplified Chinese translation copyright © 2023 by Shandong Friendship Publishing House
This Simplified Chinese edition published by arrangement with TOYO KEIZAI INC., Tokyo, through Tuttle-Mori Agency, Inc., Tokyo and Inbooker Cultural Development (Beijing) Co., Ltd, Beijing.

图字：15-2023-44 号

图书在版编目（CIP）数据

"东大学霸"的小组讨论高分笔记 /（日）吉田雅裕著；东大案例学习研究会编；韩冰译. — 济南：山东友谊出版社，2023.9
 ISBN 978-7-5516-2780-1

Ⅰ.①东… Ⅱ.①吉… ②东… ③韩… Ⅲ.①讨论法－研究 Ⅳ.① G426

中国国家版本馆 CIP 数据核字 (2023) 第 080916 号

"东大学霸"的小组讨论高分笔记
"DONG-DA XUEBA" DE XIAOZU TAOLUN GAOFEN BIJI

责任编辑：孙乙茹　王德超
装帧设计：刘洪强

主管单位：山东出版传媒股份有限公司
出版发行：山东友谊出版社
　　　　　地址：济南市英雄山路 189 号　邮政编码：250002
　　　　　电话：出版管理部（0531）82098756
　　　　　　　　发行综合部（0531）82705187
　　　　　网址：www.sdyouyi.com.cn
印　　刷：济南鲁艺彩印有限公司

开本：889 mm×1 194 mm　1/32
印张：4.75　　　　　　　字数：160 千字
版次：2023 年 9 月第 1 版　印次：2023 年 9 月第 1 次印刷
定价：58.00 元

前言

你听说过小组讨论（Group Discussion）吗？许多已经步入社会的上班族，都应该对此很有共鸣："哦，我在找工作的时候也做过小组讨论。"小组讨论是一种求职活动中的面试选拔方法，即在限定的时间内，随机选择一些学生就某一主题进行即兴讨论，然后由考官对过程和讨论成果进行评价。在今天的日本，大多数应届生在求职过程中，都会经历这样一个小组讨论的面试环节。

许多应届生在面对一群同样穿着正装的陌生面试者时，会被小组讨论的气氛压倒，心里感到很有压力，不知道该说些什么。有的人虽然在心中酝酿了一个不错的论据，但当自己还在琢磨如何表达的时候，就已经错过了说出来的机会；有的人有着莫名其妙的自信，扯着大嗓门一直垄断讨论过程中的话语权，导致讨论进展缓慢；还有的人虽然大胆地表达了自己的观点，却让所有在场的人傻眼，或者令人议论纷纷，引起混乱。

因此，本书想以质朴严谨的态度，来尝试解答这种主题即兴、当天确定组员、极具不确定性的竞赛式小组讨论到底是什么，究竟应该如何应对，以及除了小组讨论之外，一般的集体交流是否有着共通的机制。本书提出了所谓的"集体智识生产[1]机制"，该机制不仅能应用在求职中的小组讨论上，还适用于大学的研究小组、学习小组、团队会议，甚至是职场会议和家庭会议中。同时，在此基础上，本书还尽可能系统地介绍了实用的"讨论的方法论"。

本书主要介绍的是"与人谈判、交涉的方法"：如何进行讨论，如何为讨论作出贡献，以及在小组中如何表现"行为举止"或"走位"才更适当，而不涉及生成讨论内容等"解决问题的方法"。如果把小组讨论比作足球比赛，本书可能更多讨论的是比赛的策略，比如球如何在不同位置之间传递，队友之间如何合作，而不是对如何运球、射门等个人球技进行指导。本书的

---

1 智识生产：指从事信息生产的活动。

目的可以归纳为以下两个方面：

首先是加深读者对集体智识生产的理解，让读者能够将其应用于工作中的会议、学习中的讨论，甚至是日常生活中。

本书为包括研究小组、学习小组、团体会议、公司会议和家庭会议在内的所有集体智识生产或需要做出决策的场景，提供了思路框架。夸张一点地说，我相信本书的框架在一定程度上，可以适用于日常大部分的沟通场景。对集体智识生产机制的清晰理解，会让沟通更加有效。为此，我相信无论是上班族还是学生，都可以从这本书中获益。

其次，帮助求职者在求职的过程中拿出最好的表现并为呈现更优秀的讨论成果作出贡献。本书从营销的角度出发，设立了"求职中的小组讨论"这种极其实用的主题。不管笔者的立意多么高远，你可能会以为这本书不过是"所谓的求职指导书"。然而，正如本书后面章节详细谈到的，小组讨论是一种参与集体讨论的极佳的训练模式。我相信，如果读者能够充分利用阅读本书的机会，掌握参与讨论的思维方式、态度和基本行为，对将来的工作会大有益处。

现在，小组讨论的面试形式被广泛运用于各种招聘活动中。那么，应届生都会为此做哪些准备呢？可以说，目前应届生基本上是靠道听途说，从一些零散的经验之谈中学习小组讨论的方法。应届生会去参加各种讲座、培训，培训方会招来一些年轻上班族充当讲师，让他们讲解一些简单的技巧和方法，然后让学生们直接开始练习，随后由负责每组的内定者[1]点评。学生们通过不断摸索来学习"如何与素不相识的人进行富有成效的讨论，同时还能够表现自己"。

然而，令人担忧的是，尽管培训方会对大家一起讨论出的成果进行点评，但对于实际讨论的过程和方法，参与讨论的学生们却很难从内定者们那里得到坦率的评价，毕竟当着大家的面，对每个人的发言内容一一进行点评是非常尴尬的。同时，讨论中的表现是非常宽泛和抽象的，很难用语言形容。即使真的有人试着把它说出来，也可能会引起被评价者的反感，让他生气地说："不用你说，我也知道！"另外，在实际观察小组讨论时笔者发现：对

---

[1] 内定者：指已经与企业签订就业意向的学生对象。

于第三方来说，记录和评价每个参与讨论者的发言内容和他们的表现，是一项非常费力的工作。以上种种，最终导致应届生普遍会采取以实践为主导的方法，只是一味地"以量取胜"，不停地反复练习，希望能够熟能生巧。当然，能否从中吸取到经验教训，完全取决于个人。

小组讨论的方法论之所以很难掌握，是因为小组讨论中特有的自身定位的方法、与人博弈的方法等人际关系上的策略和战术理论，都属于要由自己摸着石头过河探索的领域。像日本的吉本综合艺能学院这种搞笑艺人培训学校，可能会系统地教授学员在表演喜剧时与观众交流互动的方法，但据笔者所知，大学和其他各种机构并没有教授类似这种知识的地方。在能够观察到的有限范围内，笔者发现，有的人会将从讨论中获得的经验，部分地记录在日记本或博客中，但由于内容限定在个人的语境内，很难以简单易懂的形式与他人分享。现在，人们都主张熟能生巧、实践出真知，但笔者认为，在熟练掌握技能之前，先从前人那里吸取经验，才是学习的"王道"。

从笔者找工作时的经验，以及时不时在咖啡馆听到的求职学生们关于面试选拔的议论中，笔者发现，一些比较有魄力和热情的应届生在经历了很多次面试后，显然已经磨炼出了自己在小组讨论中的生存之道。然而，一旦求职过程结束，他们心中积累的诀窍就会随着时间的推移而逐渐消失。将来需经历小组讨论的新一批求职者，很可能在面试中有和前人一样的痛点。所以，如果有"好事"的人"自不量力"地总结出一套经验，作为集体沟通方法论的一个"终点站"，就会为提高求职者们的沟通能力作出贡献。

在日本，别说小组讨论，就连集体智识生产的方法，都缺乏系统的教学，甚至对这方面的认识都很少。现如今日本的教育仍然主要采用单向的、一对多的讲授方式，以及用试卷来考查学生对知识理解的程度。

首先，无论是在初等、中等教育，还是在高等教育中，几乎没有人教过我们在小组讨论中该如何表现，该展现什么样的风格。教师顶多会在班会上指导班长要"一开始先决定主持人"或"先听对方说什么"。但遗憾的是，这些都是最基本的礼仪，教师的指导只停留在表面。事实上，班会或社团会议因为不得要领，拖拖拉拉、让人不耐烦的情况比比皆是。

在大学中，这种情况也没有得到改善。据笔者所知，在大学教室里的授课过程中,也很少有提问和讨论的情况,即使是研究小组,基本上仍是单向的小团体教学形式。很多学生除了轮读[1]时会发言外,其他时候都不发言,通过大家一起互动而做出决策或进行创造的机会非常少。

只有少数学生,主要是那些有上进心的学生,由于很早就在社会实践中积累了实习或兼职工作的经验,或者参加过创业大赛,在通过小组活动创造成果、制定决策,以及针对一个辩题进行辩论方面,拥有丰富的经验。换句话说,对于大多数学生来说,应该积极地看待求职中的小组讨论,把它当作一个成长仪式,从中学习在讨论中应该如何表现。

那么,现有的书籍中有没有与讨论相关的内容呢?去各大书店的商业书专区看一看,你会发现,由于已故的乔布斯的著名演讲和TED大会[2]的话题正在流行,各书店都上架了许多关于演讲的书籍。但另一方面,关于会议和建导[3]的书籍只有寥寥数本,其中,题材又以工作中的会议居多,大部分是与高层经营相关的书,涉及的都是深度的经营难题或业务上的问题。换句话说,这些书把重点都放在了经营管理上,比如如何在商业场景中应用经营策略和管理手段等专业知识,而对于诸如如何主持会议和如何在会上表现,往往只会在书里写上一些土到掉渣的技巧,作为点缀式的训条或小贴士。

笔者在本书中所设想的讨论场景,更加符合实际情况,贴近我们的生活。不仅包括上班族工作中的会议和谈判,还包括大学研讨小组和学习小组,以及同社团的朋友商谈,或者家庭会议等所有集体智识生产的场合。其中,小组讨论是很多人在找工作时都会亲身经历的非常容易见到的讨论形式,所以它可以成为学习讨论章法的一个良好契机。

一谈到与求职有关的书籍,通常都是关于如何准备SPI测试[4]、应聘申请表和面谈的书,基本上没有与小组讨论有关的书。

---

[1] 轮读:指多人轮流阅读同一册书后对图书进行解读并交换意见的活动。

[2] TED大会:环球会议名称。TED指Technology, Entertainment, Design在英语中的缩写,即技术、娱乐、设计。

[3] 建导:指通过鼓励他人积极参与,营造活跃氛围,从而使讨论达到预期成果的过程。

[4] SPI测试:在日本求职和面试中使用的能力测试方式之一。

当我开始准备写这本书时，我去了附近大学的生协[1]图书部。小组讨论明明是我们都要经历的一个面试选拔程序，但我却没找到一本与之相关的书籍。然而，在我开始写作后不久，我就意识到了为什么没有人写这种书——因为我们在小组讨论中的行动和表现太过于抽象和宽泛，难以用文字表述。在这本书中，我使用了类比、分类研究和数字模拟等方法，希望尽可能地表述清楚。但因为笔者的能力有限，如果存在歧义、语焉不详的情况，还请读者们包涵。

本书是从东京大学案例学习研究会编写的两本同系列图书延伸而来的。因为我们研究会的前身是一个为了准备管理咨询公司面试中常见的案例分析型试题而设立的练习小组，所以我们的第一本书《"东大学霸"的头脑锻炼法——面试中的费米问题解答法笔记》（2009年出版）和第二本书《"东大学霸"的解决问题能力提高法——面试中的案例分析型问题笔记》（2010年出版），主要涉及的都是在管理咨询公司面试中需要用到的思维方法。本书是这个系列的第三本书，主要涉及的是与人交涉的方法论，具体来说就是在小组讨论的社交环境中如何表现自己和作出贡献。本书是我们研究会编写的"东大学霸三部曲"的收官之作，书中对集体智识生产机制的分析和方法论研究，以将思维方法应用在集体活动中为目的，不再局限于管理咨询公司，可以适用于所有行业和部门。

接下来，让我们大致了解一下本书的大纲。全书主要分为原则篇和实践篇两个部分。

首先，在第一部分原则篇的第一章中，笔者将小组讨论定义为满足三个条件的活动，以便于后面的探讨。因此，请注意，本书中提到的"小组讨论"，指的是超越狭义上的面试选拔中的小组讨论，并大体上符合这三个条件的广义上的小组讨论。特别是当专门提到求职中的小组讨论时，我会将其特别标注为"面试选拔中的小组讨论"。第二章围绕小组讨论的两种极端思维进行说明。第三章对典型的面试选拔中的小组讨论过程，从头到尾进行翔实的讲解。第四章全面分析小组讨论中促成讨论成果的内容层面的价值。在本书中，笔者把它叫作"硬性层面"的价值。在某种程度上，这一般也是解

---

[1] 生协：日本大学生活协同组合的简称。

决问题的方法论所共有的价值。第五章对发言和协调活动（如分配发言或调和意见分歧等）中的协调层面的价值进行讲解。在本书中，它被视为与"硬性"价值相对应的价值，即"软性"价值。第六章在第四章和第五章的基础上提出一个理论，即小组讨论是"个人阶段"和"小组阶段"两条路并行不悖的集体智识生产。第七章探讨了关于集体中的动态因素的几个主题，包括集体内的冲突与合作、成果的演变模式以及考生贡献度的变化所产生的趋势。

第二部分实践篇，是笔者根据自己的经验和我们研讨会上的小组讨论编写的案例。希望读者能感受到原则篇框架的实用性，加深对集体讨论的理解。最后，我们把在小组讨论中经常出现的几类拖累小组的考生，略带调侃地称为"怪人"，并对他们的特点和对付他们的方法进行了总结。这里并非只针对面试选拔小组讨论中的一些特殊考生，而是探讨了在一般讨论中，每个人都会在不知不觉中出现的"症状"，所以希望这本书对每个人都能有所帮助。

本书是根据笔者的经验和对朋友的采访所编写的。此外，由于笔者平时会泡在咖啡店写稿，所以也冒昧地参考了坐在我旁边、穿着正装的求职应届毕业生之间的对话，这些对话将作为宝贵的辅助信息出现。当然，我所观察到的讨论的样本数量是有限的，这一点望读者周知，但在阅读这本书时，如果能将你日常的讨论经验与其相结合，应该会有所收获。

为了验证本书的框架理论，2014年4月和5月，我们在东京大学经济学部为大三和研一的学生举办了三次研讨会，分别就三个主题开展了共九次的实际讨论。本书中的许多讨论例子，都是基于这个时期的小组讨论编写的。

接下来，就请进入本书的正式内容吧！

目录 "东大学霸"的小组讨论高分笔记

PART 1 原则篇 — 探讨所有"集体智识生产"的机制 两个阶段，六个定位 001

Chapter 1　什么是小组讨论 002
　　小组讨论就像是一场足球比赛
　　小组讨论的定义

Chapter 2　小组讨论的思维方式 008
　　小组讨论的两种观念
　　小组讨论的目的
　　什么是考生的贡献度？

专栏 01　如何增加发言次数？ 024

Chapter 3　小组讨论的流程 026
　　走进小组讨论现场
　　开始讨论
　　讨论结束后的流程

Chapter 4　自身定位（硬性层面） 037
　　什么是内容层面的价值主张？
　　硬性层面自身定位的分类
　　　引导员的作用
　　　供给者的作用
　　　观众的作用
　　三个硬性层面定位的工作模式

Chapter 5　自身定位（软性层面） 050
　　什么是协调层面的价值主张？
　　软性层面自身定位的分类
　　　协调员的作用
　　　助言者的作用
　　　编辑的作用
　　三个软性层面定位的工作模式

| Chapter 6 | **集体智识生产的机制** | ……069 |

合作的结构
个人阶段的活动
小组阶段的活动

| Chapter 7 | **讨论中的力量平衡** | ……078 |

什么是力量的平衡？
"争论"还是"让步"
考生做出贡献的风格
考生的战术

| 专栏 02 | 充满"关爱"的眼神接触和积极反馈 | ……092 |

PART 2 实践篇　从案例分析中学习讨论的思路和方法　095

| Chapter 8 | **直击小组讨论现场** | ……096 |

在小组讨论开始前要做什么
小组讨论的实况转播
小组讨论之后该做什么
对每个考生的点评

| Chapter 9 | **破坏讨论的"怪人"们** | ……118 |

什么是"怪人"？
经常出现的几种"怪人"的类型
　毁灭者
　打瞌睡的船长
　逻辑怪
　批评家
　演说家
　英语星人
　吉祥物
　沉默者

| 结语 | | 128 |
| 附录 A | 通过数据对小组讨论进行评价 | ……131 |

PART 1 原则篇

探讨所有"集体智识生产"的机制
两个阶段，六个定位

在第一部分中，我将以"求职面试中的小组讨论"为主题，通过独特的切入点来探讨所有"集体智识生产"活动的背后是否都有一个共同的机制。这对提高讨论能力或许没有立竿见影、药到病除的效果，不过一旦掌握了这个结构，你就能看清包括自己在内的每个考生，可以找到自己的定位，那么你在小组中的发言自然就有了方向。让我们不局限于求职这一特定事件，一起来探讨能广泛应用于各种讨论场景的思维方式吧。

Chapter 1 什么是小组讨论

笔者在第一章中，先试着给小组讨论下一个定义，以方便读者理解后文。如果相较于理论，你对实践的内容更感兴趣，你也可以简单地浏览一下定义，然后直接跳到实践篇的部分。

小组讨论就像是一场足球比赛

在今天这个高度专业化的时代，具备与来自不同专业领域的人合作的能力，已经成为社会迫切的需求。无论是在商界、政府机构还是学术界，由来自不同领域的专业人员组成团队，在一段时间里合作完成某个项目的工作方式越来越普遍。近年来，一些日本企业甚至引入了"英语公用化（在公司内使用英语沟通）"的制度，日本员工有时还必须与生活背景和文化习俗完全不同的外国人组成团队进行合作。如今，我们生活在一个需要进行集体智识生产的时代，必须与来自不同领域的人共同协作，而不是只局限在自己的专业领域里。

从这个意义上说，擅长合作是一种永不过时的技能。自从语言诞生以来，无论身处地球上的哪个国家，人类生存发展到哪个社会阶段，人们都会与不同的人使用语言交流，表达自己的见解，解释和整合他人的观点。而且无论时代如何变化，至少在我们的有生之年，这种形式都不会消失。合作是最依赖情商的技能，因此现在的计算机还不能代替人类的协同合作。合作能力适用于各种工作，擅长合作会让你受益终身。

不过，合作并不是一项需要投入大量精力、经过刻苦学习才能掌握的技能。日常的团队合作，就像体育比赛中的团队合作一样开放和透明。在工作会议、研讨会、专题讨论会和面试选拔中的小组讨论里，为了集体讨论出一个最终结果，团队成员们应该像踢足球比赛那样，互相传球配合，所有人都以攻破对方的球门为目标。正如搞笑艺人拉沙尔石井所说：只顾着进攻射门，未必能够进球（重要在于团队配合）。

明石家秋刀鱼[1]**先生也曾经说过类似的话**："谈话就像踢足球"。每个人都知道自己所踢的位置，并采取相应的行动，将球传来传去，然后有人一脚射门。如果你尽全力助攻队友，有时也会给自己带来一个绝佳的机会。这时就应该毫不犹豫地射门。

因此，最应该考虑清楚的，就是自己的定位：我的角色是什么，现在对我的要求是什么，我应该做一个"捧哏"还是"逗哏"，应该持反对意见还是赞成意见，应该接过话题进行展开，还是改变方向去开启一个新主题。谈话要像传球一样，总是抱着"与人方便"的态度。

在某些情况下，当"对话的球"传过来时，不需要过多的运球，只需一脚停球然后马上传出去；而在其他一些情况下，则需要故意把"球"多"盘带"一阵，让主持人有更多的时间思考。要时常环顾四周，如果发现"这个人不怎么说话"，就会把话题抛给这个人。在作为一个表演者的同时，也兼顾了主持助理的工作。

单纯的谈话，很难说是一种集体智识生产的形式，但如果把它看作是表演者们为实现"让人发笑"这个非常明确的目标而进行的通力合作，那么它在本质上就与小组讨论没有什么不同。普通人没有什么机会能够像专业的搞笑艺人那样，去专门学习与人互动的技能，培养合作的能力。我们的合作能力大都是通过自幼与家人和朋友一起玩耍、交谈，在社会生活中无意识地培养出来的，直到今天，我们仍然依靠着从这些经历中获得的能力。

本书将以面试选拔中的小组讨论为契机，探讨究竟什么是合作的能力，以及什么机制在起作用。可以说，面试选拔中的小组讨论包含了真实社会中的讨论的所有要素，是考验合作能力的一个试验场。

在后面的第三章，如果你详细地了解完小组讨论的具体流程，你会看到，

---

1 明石家秋刀鱼：日本的落语家、搞笑艺人、演员、主持人。与塔摩利、北野武并称日本搞笑艺人三巨头。

面试选拔中的小组讨论是一系列的多任务活动，包括由随机分配的组员进行自我介绍，安排个人思考时间和制定时间表，确定推进讨论的角色，设定需要回答的争论点，发现问题中的瓶颈（制约因素），如果时间允许，还需要提炼出切实可行的解决方案。在这个过程中，组员必须不断整合相互冲突的意见，达成一个个阶段性的共识。面试选拔中的小组讨论是集体智识生产的一个微型模型，它将现实生活中讨论的基本行为，浓缩在了一段短暂而有限的时间中。

小组讨论的定义

既然要对小组讨论进行正式的研究，那么就让我们先来对本书涉及的小组讨论下一个尽量完整的定义。因为小组讨论中人与人之间互动的形式是非常松散的，所以我希望在用语上尽可能精确，以免在说明上产生误解。

本书希望能突破面试选拔中的小组讨论的范畴，探索出一个广泛的框架，用来分析普遍性的集体智识生产的场景，如工作会议、学习小组讨论、研究小组和座谈会等。因此，为了能够在本书中展开讲解这些例子，我将广义的小组讨论定义为满足以下三个条件的智识生产的场景。

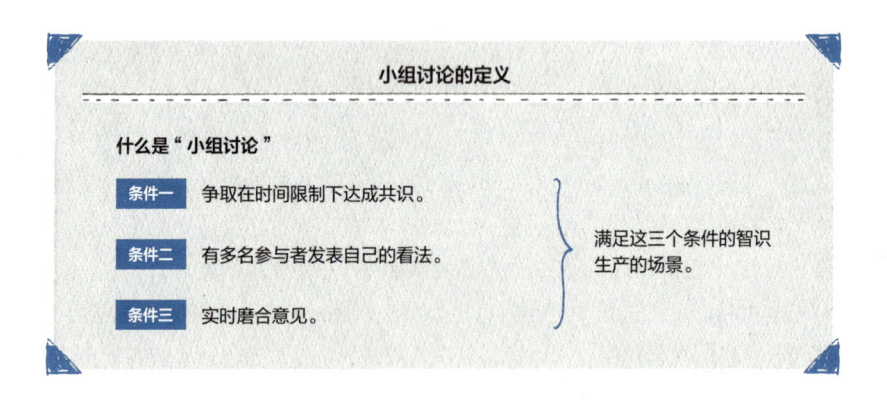

小组讨论的定义

什么是"小组讨论"

- **条件一** 争取在时间限制下达成共识。
- **条件二** 有多名参与者发表自己的看法。
- **条件三** 实时磨合意见。

满足这三个条件的智识生产的场景。

这个定义看似很平常，但却抓住了集体智识生产的基本性质（具体说明详见第五章"软性定位的分类"）。下面的内容，一直到这一章结尾部分，都属于比较复杂的理论，所以如果你对实践的内容更感兴趣，可以跳过这一部分。那么接下来，我就对这三个条件逐一进行讲解。

首先，第一个条件是"争取在时间限制下达成共识"。这里有一个"时间限制"的要求，即必须在规定的时间内达成"共识"，得出明确的讨论成果或决策。在面试选拔中的小组讨论里，讨论的时间都是事先规定好的，比如限时20分钟。很多会议尽管可以延长时间，实际工作当中也的确频繁出现会议拖延的现象，但大多数会议还是有大致的时间限制的，比如事先说明在两小时内或下班前结束。

如果没有满足这一条件，即不需要在某一限制时间内达成任何具体共识，讨论就会变成一种私人色彩浓烈的交流形式，例如信息交流会、某个活动中交流感想的恳谈会，或通过愉快交谈加深友谊的联谊会。此类非正式场合主要目的是与其他参与者建立关系，因此，如果非要在有限的时间里争论出一个结果，反而会让人觉得很不礼貌。

接下来，第二个条件是"有多名参与者发表自己的看法"。首先是关于"多名参与者"。很显然，当智识生产或决策制定是由一个人而非多人进行时，它就变成了个人的写作或思量的行为，由于一个人是不能产生对话的（自言自语除外），所以讨论也就无从谈起。其次是"发表看法"。你可能觉得在会议上表达意见是理所当然的事情，但现实中许多被称为会议的集会，实际上是由主管人员单方面传递信息的通知会，或是由主讲人或负责人汇报活动情况的报告会。这些都不是所有人就一个话题互相分享自己的意见，进行互动交流的集会形式。另外，有些人在被征求意见的时候，可能会因为各种原因不开口交流，比如说走神了没有跟上内容，或者对管理层有戒心等等。因此，每个人都通过发表意见提供信息输入，这是第二个条件。

最后，第三个条件是"实时磨合意见"。首先，"实时"意味着在"同一时间下"进行讨论。现在，我们可以召开线上会议，所以与会成员不一定要在物理空间上处于同一个地方，但讨论时要处在同一时间。如果不满足这个条件，其形式就变成了要求每个人在不同的时间就某个主题写一份报告或意见书，然后由其他人收集、编辑和整合。很明显，这并不能算是在讨论问题。比方说，公司想要征集员工的意见，有的大公司会设置意见箱，员工可以写下自己的意见或建议，然后投到意见箱里。这就意味着员工可以在不同的时间和地点写下他们的意见，然后进行投送。

最后，还有意见的"磨合"。在条件二中，如果将"发表自己的意见"

比作生产出一个个"部件",那么条件一中的"共识"就是将这些部件组装在一起后的"成品"。

在这里,"磨合"是一个重要的概念,所以我想把话题扯远一点,从背景开始讲起。一般来说,制造业的所有产品大致可以分为磨合型和组装型两类。磨合型产品是指在单一的概念下,各个部件是定制的,并且部件之间相互有关联的产品,例如汽车、摩托车和电子游戏机等。比如,丰田普锐斯的发动机是专门为普锐斯这个车型设计的,不能直接挪用到其他车型上。磨合型汽车具有精密的结构,因此,如果发动机的设计有了改动,那么其他部件的设计也必须随之进行修改。

组装型产品则是由标准化的、可替代的独立部件组合而成的产品,如电脑、自行车、DVD播放器和乐高积木等。以电脑为例,你可以购买自己喜欢的显示器和键盘,然后将它们连接到主机上使用。还有一些高手会买齐所有的配件,然后自己"攒机子"。也就是说,像电脑这样的组装型产品都有一个简单的结构,其中的组件是完全独立的,将各组件连接在一起就成了一个产品。

如此,我们可以看出,小组讨论产出的智识产物本质上是磨合型产品,而不是组装型产品。就如同一篇论文或一本书的每个部分都是高度相关的,如果对其中的一个部分做出修改,那么其余的部分在内容和表达上都需要同步进行修改。同样,在小组讨论中,如果你调整任何一个前提,那么所有部分都会发生改变。可以说,小组讨论是一个终极的磨合型智识生产系统,每个人都在同一时间内,不时地即兴生产和组装原始的"零部件"。

此外,当条件二的多个参与者参与智识生产时,智识产物是磨合型产品的事实将持续影响着讨论的成果。这意味着,我们需要将所有人分散的意见(零部件),进行解释、共享和整合,与一个人独立完成的工作相比,这需要大量的协调工作。三人或三人以上难以合著一篇论文或一本书(每个篇章都独立的稿件除外),可能就出于这样的原因吧。

正如以上所写到的,本书中提到的小组讨论,指的就是符合这三个条件的任何集体智识生产的场景。根据不同的解释,这个小组讨论的定义相当广泛,所以除了面试选拔中的小组讨论,还适用于工作会议、学习小组讨论、研究小组讨论、专题讨论会、团体会议、家庭会议等更广泛的场景。事实上，本书引用了各种风格的实例，有议会、法庭案件等严肃案例，也有搞笑综艺、相亲等轻松的例子。这是因为，笔者热切希望读者能在广泛的框架内加深对集体沟通的理解，而不仅限于面试选拔中的小组讨论。从现在开始，除了另做说明之外，原则上本书在提到求职中的小组讨论时，将使用"面试选拔中的小组讨论"一词，而"小组讨论"一词将用来泛指符合三个条件的智识生产的场景。本书在以面试选拔中的小组讨论为切入点展开探讨的同时，对其余日常交流场景也将进行灵活的思考。

Chapter 2 小组讨论的思维方式

在探讨如何在小组讨论中作出贡献之前,我先介绍一下围绕小组讨论的两种对立的观念。

小组讨论的两种观念

围绕小组讨论,存在着两种对立的观念:一种认为小组讨论是竞争游戏,另一种认为小组讨论是合作游戏。可以说,这两种观念截然不同。但并不是所有人都持有这两种对立的观念,大部分人所持的观念介于两者之间。

表 2-1 小组讨论的两种观念

	竞争游戏	合作游戏
主要观点	零和博弈 (为生存而竞争)	正和博弈 (建立共识)
外交风格	主战派(鹰派)	主和派(鸽派)
人性观	人性本恶	人性本善
气氛	你争我抢	心平气和
行为	强烈主张自己的理论, 排斥其他理论	撤回自己的欠佳理论, 认可其他优越的理论

持竞争游戏观念的一方,认为小组讨论是考生之间的生存竞争,是展示自己能力的机会。具有这种观念的竞争型考生,会把小组讨论当成一个零和博弈,以个人生存为目标,强调个人主义,具有强烈的竞争意识,希望通过辩论占据优势。就风格而言,他们往往属于具有强硬风格的"主战派(鹰

派)"，持有人性本恶的人性观，认为别人都和自己一样，想要在辩论中驳倒对方，是自己的论敌。尤为突出的一点是，他们认为面试选拔中的小组讨论采用的是一种相对评价法，即通过与他人的比较来确定自己的成绩，并限制合格的人数。

持合作游戏观念的一方，则认为小组讨论中的考生应该联合起来，通过达成共识创造卓越的产出。具有这种观念的合作型考生，会把小组讨论当成一个正和博弈，以通过所有人的努力创造出更好的成果为目标，强调集体主义，具有强烈的团队精神，希望与他人建立合作关系，倾向于在讨论中达成共识，而不是陷入论战。他们往往属于注重合作的"主和派(鸽派)"，持有人性本善的人性观，认为别人都和自己一样，愿意与他人通力合作，是自己的盟友。在面试选拔中的小组讨论里，他们认为小组讨论采用的是一种绝对评价法，即与讨论的既定目标比较而不是与他人比较，所以不会限制合格的人数。

如果将小组讨论比作一种体育项目，会更容易让人理解这种思维上的差异。在足球比赛和棒球比赛等团体赛中，团队的胜利和个人的记录有时会产生冲突。比如，在足球比赛中，当一名球员以个人得分记录为目标，一心想要进球时，就会强行带球和射门而不传球，结果造成整个球队的射门成功率低下。再比如，在棒球比赛中，虽然教练安排一个球员进行短打，但他却不听指挥，非要做出长打。在体育比赛中，单个选手的这种自以为是的行为，会让整个团队与胜利无缘，导致团队士气下降，影响队伍团结。

电视上的大部分辩论节目，都是竞争游戏的形式，嘉宾们都主张自己的观点，想要说服对方，而不是希望达成共识。在这里，我举一个年代久远但有代表性的节目作为例子。

案例：青少年真诚的交流园地

2000年至2006年，日本广播教育频道曾播出过这样一档辩论节目，提出了"无剧本、无主持人、无结论"的概念，招募普通的青少年观众上台进行自由辩论。这些极富个性的年轻辩手不惧镜头进行辩论的姿态，在社会上引起了很大反响。

这个节目的目的，不是为了最终达成某种共识，而是为了给年轻人热情洋溢地表达他们崭新的价值观和生活方式提供一个舞台。

那么，竞争游戏和合作游戏哪个观念更可取呢？从上面的内容中，或许你已经能够看出，公司是一个讲究团队合作的地方，工作必须通过合作才能够推进。由于小组讨论是对真实会议的模拟，所以应该将其看作是一场合作游戏，而非竞争游戏，以免让自己看起来自命不凡。（不过在现实中，有一些行业、公司或部门，所有人员都在玩竞争游戏，这时如果你不表现得像一个竞争型玩家，你就会吃亏，这是一个无奈的事实。）

然而，面试选拔中的小组讨论的棘手之处在于，就其本质而言，为了让自己的贡献和能力给人留下深刻印象，考生会不可避免地把它当成是表现自我的竞争游戏。在讲座和私下的练习会上，有很多合作型考生，他们的合作水平很高，但一旦进入到正式的面试选拔时，他们就会马上转变成竞争型考生。一些雄心勃勃的求职者，为了标榜自己的优秀，往往表现得像竞争型考生，但实际上，这种行为经常会遭到大部分人力资源经理和其他考生的白眼，他们更喜欢合作型考生。很多考生为了训练思维能力而过度地去刷一些案例分析题集，很容易就变成竞争型考生，我非常理解这种行为。但在本书中，我将把合作游戏当作小组讨论的原貌，从如何使讨论富有成效和创造性的角度来展开话题。

日本著名的将棋棋士羽生善治曾经说过："棋手与对手是将棋这门智慧的艺术的共同创作者。"有时，对手犯了一个低级错误，棋手非但不会因此感到庆幸，反而会很生气。我们也应该把日常讨论看作是与对手的合演，不去计较每一次的输赢,而要为了呈现更加精彩的讨论而努力精进自我。

小组讨论的目的

接下来,在这一节中,我们将谈一谈面试选拔中的小组讨论主要评估考生的哪些素质,以及与其他类型的招聘选拔方式相比有什么区别。

小组讨论的评价系统

那么,在面试选拔中的小组讨论里,面试官主要会关注考生的哪些方面呢?归纳起来大致有以下三点:思维能力(你够聪明吗?)、人际交往能力(你懂得察言观色吗?)和契合度(你有认同感吗?)。

思维能力,是指一个人的思考能力,包括逻辑性、分析能力、想象力、计算能力、快速反应能力、灵活性和专业知识等。简而言之就是:"这个学生够聪明吗?"

人际交往能力,是指与人互动沟通的能力,包括所谓的演讲能力、倾听能力、提问能力和共情能力等。对于大多数行业人力资源经理来说,这或许是他们最重视的一种能力。因为,大多数工作都需要与人接触,与人进行接洽或交涉,员工需要懂得察言观色、审时度势、见机行事。因此,人际交往能力作为一种润滑剂,在工作的执行中具有绝对的重要性。无论员工的头脑有多么聪明,如果情商不足,不能站在他人的立场上考虑问题,工作的"齿轮"就会因为缺少"润滑剂"而无法向前推进。简而言之就是:"这个学生懂得察言观色吗?"。阅读本书第五章中发言的协调活动中的评估"人际交往能力"的部分,会让你对此有更清晰的理解。

最后是与公司的契合度,这是指一个人的性格、职业规划、工作态度和爱好是否符合公司的企业文化。这是一种难以用语言表达的所谓适配性。简而言之就是:"这个学生对公司是否有认同感?"

面试选拔中的小组讨论,主要考查人际交往能力和契合度。这是因为在小组讨论中,通过集体协作的形式,可以客观地观察应聘者平时的人际交往能力。一场小组讨论下来,应聘者的性格色彩也会清晰地显露出来,如此就很容易识别他们与公司的契合度。此外,一个人的思维能力也可以在一定程度上通过笔试和面试来考查。在一些特殊情况下,有的公司可能会给出一些深入测试思维能力的试题，但面试官主要关注的还是人际交往能力和契合度这两项。

这三项素质如何平衡取决于公司的招聘政策，所以不能一概而论。如果非要极其粗略地做个分类，仅作为参考的话，一般来说，日企或销售职位可能更看重契合度，管理咨询公司和智库机构更看重思维能力，而外国制造商和贸易公司则更看重人际交往能力。例如，一个经历过管理咨询公司面试选拔的人，如果在贸易公司的小组讨论中同样表现得雄心勃勃、满口理论，那么他很有可能因为缺乏人际交往能力而遭到淘汰。聪明的办法是，摸清楚每个公司的评价标准，然后采取不同的策略。

许多人力资源经理在面试考生的时候，会对有希望被录用的考生在入职之后去什么部门，安排谁带他，甚至他将来的职业道路都有所想象。因此，在面试官的"想象实验"下，被认定不契合公司内部职业需求的考生是很难被录用的。

对于一个雄心勃勃的应届生来说，即使心里明白，但要做到收敛锋芒却并不容易，不过随意炫耀自己的聪明才干在某种程度上来说是不可取的。尤其是在那些希望雇佣长期员工的公司里，如果面试官认为某个人的思维能力过于敏锐，入职后可能会扰乱公司秩序，对公司造成威胁，或者认为某个人在人际交往中显露出太强的个性，入职后可能会破坏团队合作，那么在考虑是否录用他时就会极为谨慎。虽然也会有一些年长的人力资源经理认为随着自己年龄的增长，与自己坦诚相待的人越来越少，所以觉得对他们推心置腹的年轻人有锐气很可爱。但对小组讨论进行评价的面试官还是年轻人占多数，所以应聘者在一定程度上依旧需要表现出成熟、有风度的一面。

应该指出的是，思维能力是在内容层面的价值主张（第四章）中作出贡献时所需的能力；人际关系能力则是在协调层面的价值主张（第五章）中发挥出来的能力；而与公司的契合度较难通过个人努力来改善，不过人力资源经理会根据一个人在发言内容中显露出的个性，以及他的发言态度和发言频率等总体印象进行判断。

常见招聘选拔方式的比较

我们刚刚谈到了小组讨论中面试官主要看重的三项素质：思维能力、人际交往能力和契合度。下表总结了，在不同的招聘选拔方式中应聘者的这三项素质被评价出来的难易程度。

表 2-2 常见招聘选拔方式的比较

	应聘申请表	笔试	小组讨论	面谈	实习
思维能力 （你够聪明吗？）	×	△	△	○	◎
人际交往能力 （你懂得察言观色吗？）	×	×	○	△	◎
契合度 （你有认同感吗？）	△	×	○	○	◎

← 筛选和排除　　　　　　　　　　　甄别和选择 →

◎：非常容易评价　○：易于评价　△：难以评价　×：极其难以评价
用这四个级别来表示评价的难易程度，评价标准完全是靠考官的个人感受。

　　收集应聘申请表和笔试环节中，人均招聘成本很低，但不能实际与应聘者面对面地接触，因此没办法通过这两种方法对人际交往能力和契合度做出评价。而在实习和面谈环节中，人均招聘成本高，但可以实际观察到应聘者的言行，掌握大量关于他们的信息，所以无论哪方面的素质都会容易评估。

　　而小组讨论是一种介于中间的评价手段。一次可以评估4到8个考生，不仅能够降低人均招聘成本，还可以通过观察考生之间的互动，客观深入地了解每个人平时的讨论风格。因此，小组讨论这种选拔方法才会受到这么多公司的青睐。一般来说，招聘选拔前期阶段的目的强烈地倾向于"筛选和排除"，而后期阶段则更倾向于"甄别和选择"。处于中间位置的小组讨论，可以说是同时兼顾了两方面的取向。

　　另外，竞争游戏和合作游戏这两种观念，也会对小组讨论的评价产生影响。比如，当企业需要竞争型人才时，小组讨论就会采取一种相对评价机制，更倾向于甄别和选择出录用机会更大的优秀应届生，在毕业前，企业就与他们约定签聘用合同。一般来说，这是招聘暑期实习生的一个常见模式，这样能够确保公司高效地吸纳到人才。

　　再比如，当企业需要合作型人才时，小组讨论就会采取一种绝对评价机制,更倾向于筛选和排除众多的应届毕业生。这时的选拔就会变成淘汰制,淘汰掉那些因为几乎没有发言而无法评估的学生,或者有可能与周围的人不能和谐相处的学生。因为多数公司一般会更重视合作性,所以在实际的招聘中,小组讨论通常设在招聘选拔的前期阶段,也就是大约在筛选应聘申请表(简历)之后的下一步进行,因此采用淘汰制属于小组讨论的主流。

这意味着小组讨论经常被用作筛选工具,以排除那些人际交往能力稍有问题的人(在极端情况下,就是第九章中提到的"怪人")。因此,在大多数时候,考生几乎没有必要急着秀出你的能力或表现得很精明,反而应该避免极端对抗。过于激进和以自我为中心的语言和行为,只会导致不必要的冲突,使自己和他人都不快乐。

另外,在极少数情况下,部分外资企业在实际工作中会提倡所谓的"狼性"文化,几乎把思维能力看作是一个员工的战斗力。面试这种公司的时候,唯有单纯地把小组讨论视为一种必要的竞争,以开放的心态去面对。至于企业的招聘究竟是淘汰制还是签约制,可以通过小组讨论处于选拔过程的哪个阶段,以及企业文化来判断。下面,我用几个案例来说明小组讨论在实际招聘中是如何进行的,例子或许有些极端,在此仅供参考。

案例:回合淘汰制小组讨论(日系管理咨询公司)

在前四轮小组讨论中脱颖而出,接着又通过几次面谈的考生,最终可以获得该公司暑期实习的机会。随着每一轮的筛选,考生的水平会越来越高,留下的都是有实力的竞争者和辩论者。于是,到了最后一轮就会呈现出最高水平的辩论。

案例：15人参加的大规模小组讨论（外企制造业）

该公司在实习生面试选拔中，组织了人数多达15人、时间长达30分钟的小组讨论。考生们个个拼尽全力表现，以至于小组讨论变成了一场剑拔弩张的大乱斗。虽然最终并没有达成共识，但这似乎就是公司想要的结果。有一两个考生脱颖而出，最终获得了录取通知。

案例：创意型小组讨论（日系人力资源咨询公司）

该公司假设了小组成员们流落荒岛的故事背景，让他们以角色扮演的形式进行小组讨论。考官就如何让所有组员都活下来的问题，设置了几个关键的争论点，例如逃生时选择哪些行李等作为甄选的参考。考官还对灯光和音响进行了一番精心的设计，时不时让房间变暗，并播放音效。活动的最后阶段发展成了一场寻宝比赛，考生最后发现整个会场，包括天花板上和地板下都藏有宝物。这样的活动不仅能够考验考生们的逻辑思考能力和口才，还能够考验他们随机应变的机智程度，以及验证考生是否具有积极主动的态度。

小组讨论中的考题

那么，小组讨论中都会出现什么样的考题呢？一般来说，这些考题可分为以下几类：

·公共政策类

这类问题要求考生对当前的热点话题提出自己的观点和具体对策。对于经常与各行各业的人打交道的行业，如公务员、金融、咨询、广告和大众传媒等，人力资源经理在面试时喜欢提出这类问题。有一些公司很喜欢出一些刁钻古怪的考题，这就需要求职者不能固化思维，要灵活地思考问题。

例如：如果日本要迁都，你觉得新首都应该设在哪里？（日本保险公司）
如何增加来日观光的外国游客的数量？（信用卡公司）
日本申办东京奥运会的利与弊。（报社）
高速公路免费通行的利与弊。（政府财政业务岗）
废除死刑的利与弊。（电视台）
强势日元在经济政策中是好事还是坏事？（日本证券公司）
如果必须取消山手线的一个车站，你会选择哪一个？（外资咨询公司）
如果要把日本群岛中的一个岛屿卖给外国，你会选择哪一个？（外资金融机构）

·商业类

这类问题要求考生对行业中方方面面的经营问题进行决策。管理咨询公司面试中典型的案例分析题和"费米问题"，也属于这一类考题。

例如：怎样才能让一个主题公园吸引更多的游客？（日本咨询公司）
怎样才能使一家刨冰店冬季的销售额超过夏季？（日本证券公司）
本公司总部是否应该搬迁？如果是的话，应该搬迁到哪里？（外资咨询公司）
哪个行业领域最适合网上创业？（房地产公司）
以下四种保险中，哪种是本公司销售的？（外资保险公司）
从五个候选地点中，为客户选择一个新的店址。（房地产公司）
洗发水每年的市场规模有多大？（日本咨询公司）
全世界的人在一天中，总共会发送出多少条信息？（外资咨询公司）

·企划类

这类问题要求考生设计一个与公司实际业务相关的企划。面试官可能更期待学生式的大胆的设想，然后将其作为参考，用在自己的企划工作中。其中一些如"设计一个对应届生有吸引力的招聘方法"或"设计一个小组讨论的主题"这种直白的问题，简直就是想从考生那里获得招聘的点子，然后直接照搬。有时考官会提供额外的信息，作为企划的参考资料。与企划相关的题目，经常出现在实习生选拔等面试中，作为对实际工作的模拟体验。这类面试会持续一天甚至几天的时间。

例如：为横滨未来港设计一个新旅游景点。（地方银行）
　　　写一个招待两位外国客人的计划安排。（房地产公司）
　　　设计一个在酒店举办的新活动。（日本酒店）
　　　设计一份面向学生群体的新杂志。（日本咨询公司）
　　　设计一个面向老年人推广的信息技术产品。（电信公司）
　　　提出一个能够振兴商业街的点子。（政府财政业务岗）
　　　如果公司要建立一所高中，请为学生设计一款学生制服。（外资咨询公司）

· **价值观类**

这类问题主要考查考生的价值观，考量其与公司的契合度。许多问题会倾向于考查考生在进入职场后，对于劳动和职业的看法和态度。

例如：一个优秀的职场人，应该具备哪三种素质？（日本保险公司）
　　　求职活动中怎样算是成功呢？（日本金融公司）
　　　怎样才能成为一名合格的企业顾问？（日本咨询公司）
　　　如何成为一名合格的跨国企业的员工？（外资咨询公司）
　　　怎样平衡工作和个人生活？（日本金融机构）
　　　互联网的利与弊。（日本金融机构）
　　　如果你有一百万日元，你会把钱花在什么地方？（信息技术公司）
　　　什么是丰富的饮食生活？（政府财政业务岗）

· **难以分类的刁钻问题**

还有一些刁钻古怪的问题,很难被归到上述的任何一类问题,小组讨论中常常会出现这种很难提前准备的考题,回答这种问题往往只能靠临场发挥。这里举出一些例子以供参考。

> 例如:向没见过雪的人解释一下什么是雪。
> 为什么井盖是圆的?
> 你更愿意拥有一只能看到历史的手表,还是一只能看到未来的手表?
> 如果只能带一款游戏去荒岛,你会选择哪一款?
> 当你在路上发现垃圾时,你会怎么做?
> 如果动画《海螺小姐》中的海螺小姐一家人来应聘,你会选择谁呢?
> 10日元能买到什么?
> 如果让你和现场组员们一起度过一天,你会怎么做呢?

虽然考题每年都会有变化,但各家公司出题的倾向似乎也有迹可循,所以求职者依然可以提前准备一些对策。许多问题应该都与行业有关,所以事先进行一些研究调查,在一定程度上还是有帮助的。

小组讨论也是一个实验场,它模拟了真实职场中的会议,来测试在一定时间内,能否有效地讨论出一个成果。事实上,各个公司也在寻求新的商业企划、招聘方法等,所以他们也想在招聘过程中,从年轻人那里获得新的创意,来个一石二鸟。换句话说,小组讨论也是企业的一个"立即交付的模拟项目"。

小组讨论的用时短则20至30分钟,长则一个小时。观看的人可能会觉得时间很长,但参与讨论的人却往往觉得时间过得很快。要在这样的一段时间里,就一个即兴的考题,整合出条理清晰的内容并达成共识,是非常紧张的,可以说如何利用时间是胜负的关键。

在许多情况下,现场表达的意见很零碎,组员们往往会被信息整合搞得焦头烂额。这就像在考试中,来不及把乱糟糟的计算过程重新誊写一遍,只能直接交卷一样。其实，相较于讨论成果本身的质量，面试官更看重讨论过程的充实度，即每个人所做的贡献，并由此推断考生的人际交往能力和他们与公司的契合度，所以即使小组讨论的最终成果不是非常令人满意，也不必特别悲观。

什么是考生的贡献度？

小组讨论中的"考生的贡献度"是如何确定的呢？评价任何事物都应该从质和量两方面考虑，在本书中，考生的贡献度将由"发言质量"和"发言次数"来判定，即通过以下的乘式对其进行计算：

考生的贡献度 = 发言质量 × 发言次数

发言质量可以分为两类：发言内容方面的硬性价值，即提供了多少与最终讨论成果直接相关的内容；以及发言协调方面的软性价值，即对讨论的顺利进行作出了多大贡献（详见第四章和第五章）。

另一个决定贡献度的因素，是发言次数。请注意，是发言次数而不是发言时长。小组讨论有时间限制，发言时间长一点，在表面上的确会给考官留下"那个人很能说"的印象，但一味地长篇大论，你就会变成别人眼中的"怪人"（关于"怪人"的更多信息，详见第九章），比如"演说家"（见第123页）或"吉祥物"（见第126页）。同样的内容，如果能以更简单直接的语言表达出来，沟通显然会更有效率。

另外，通过公式"发言时长 = 每次发言时长 × 发言次数"可知，发言时长被分解成了两个因数。虽然发言内容要简而言之，但如果每次发言的时长太短，想要表达的内容就会受到限制。因此，在面试选拔中的小组讨论和小型会议中，每次发言的时长应该控制在10至30秒。一段电视广告的时间大约是15秒，这样的时长足以传达一段完整的信息。

每次发言时长太短的一个例子，就是简短地表示赞同，如"我同意"或"我也正这么想"。表达你的赞同是完全可以的，但要注意的是，这样的表达有时会让人感觉不到你在主动认真地思考，有可能听起来很廉价。所以，即使想表示赞同，也应尽量用最短的长度，补充一些有条理的信息，例如提出一个与前一位发言者不同的理由,等等。

总之,小组讨论的评价指标不在于发言时长,而在于发言次数,即在小组讨论的各个阶段有多少次高质量的发言。有一家公司的管理者不希望在会议中浪费太多的时间,就创建了一个系统,用公式"每分钟的工资数 × 人数 × 会议时长(分钟)"自动计算会议的人工成本,并在会议期间实时显示。这样会让每个参加会议的人感到压力,促使他们在会议期间作出有用的贡献,并尽快结束讨论。这可以说是将"时间就是金钱"这一理念"可视化"到了极致。

最后,使用"考生的贡献度=发言质量 × 发言次数"的公式进行评估时,你会发现有些人属于"发言质量"高,但"发言次数"少的类型,而有些人属于"发言质量"低,但"发言次数"多的类型。如果用作家或音乐家等职业来打比方的话,这就类似于有些人每隔几年才会推出一部众所期待的大作,而有些人则每月都会发布一部新的小作品。然而,只要能实现贡献度的最大化,就很难说哪一种更好。

在评估考生时,发言质量的重要性是不言而喻的。因为发言次数可以通过重复无意义的语句,或单纯地发表感想来获得,而就算一个人之前很少说话,但一句一针见血、鞭辟入里的高质量发言,就能为其赢得高分。

然而,实际上,如果一个考生没能提供最低限度的发言次数作为样本,那么评价起来也是相当困难的。基本上,小组讨论中唯一被评估的因素就是发言,所以如果你不发言,就等于在考试时交了一张白卷。在职场的会议中,有一种非常苛刻的说法是"不发言的人就等于没有出席",这已经成了大家默认的共识。如果把小组讨论比作一档由大家共同表演的节目,那么如若出现长时间的沉默,就等于出现了"播放事故"。下面的这个例子可能有些极端,仅供参考。

案例：爱的鞭笞

这是发生在一家外资咨询公司的案例。这家公司的一个新员工在参加会议时，被会议的节奏压得喘不过气，一言不发。他旁边的一位女主管踩了他一脚，给了他一个警告。这可能很极端，但为了让他鼓起勇气发言，这种程度的"爱的鞭笞"或许是必要的。不过，当他回过神来，抓住机会说了一句话的时候，似乎因为没说到点子上，又被踩了一脚。

此外，发言次数越少，就越难以获得发言的机会，这似乎成了一种惯性。如果你的发言次数够多，即使发言质量参差不齐，也会让人觉得"你还有话要说"，从而能够继续发言。相反地，一旦你不怎么说话，就会变得越来越懒得发言了，这时你可能还会自行提高发言质量的标准，总觉得自己已经有一段时间没有说话，所以必须贡献一个有质量的发言。

那么，在一次小组讨论中，最适合的发言次数大约是多少次呢？不论是什么形式的集体交流，都可以根据给定的时间限制和参与者的数量，用算式来估算最合适的发言次数。

例如给定时限是20分钟，考生人数是5人，假设其中有5分钟是单独思考的时间，即沉默时间，那么简单计算一下：（20分钟–5分钟）÷5人=3分钟/人，由此可知每人的发言总时长大约为3分钟。如果每人每次发言时长按10秒钟算，那么每人得到的发言机会就是18次。但实际上，还要算上有人重新解释一遍观点的时间，以及抄写员进行总结整理的时间，因此，按每次发言耗时30秒计算的话，每个人要贡献大约6次发言。

如果一个人发言次数太少，可供评价的材料也就过少，导致考官无法对其做出评价。所以最好根据计算出的数字，判断需要进行多少次"发言"。

特别是有些"怪人"中的"批评家"（见第123页），他们往往不愿轻易开口，或带着一脸鄙夷的表情保持沉默，可能受了商战剧或历史小说的影响。在许多文艺作品中，我们会看到这样的场景：所谓的负责最终拍板的大人物，会让下属纷纷出谋划策，最后再由他开"金口"做出决断。但在小组讨论中，没有一个人是做最终决策者的大人物，因为每个人都是在平等的基础上参与发言的。如果你保持沉默，你就没有履行作为一个考生的职责。

有人曾一本正经地声称："我要做一项挑战，看看能不能通过在整个会议期间一直保持沉默来刷出存在感。"作为一个旁观者，我不知道他是在开玩笑还是认真的。要达到他那种境地，并在真实的会议中作出贡献(不知能不能算是贡献)，只有相当有修为的人才可以办得到，所以不要冒险进行拙劣的模仿。

增加自己的发言次数更依赖于一种习惯，而不是一种技巧。例如，有些人养成了在课堂上(或课后)至少问一个问题的习惯，或者在座谈会上总是举手发言，对他们来说，这似乎已经是习惯成自然的事情了。渐渐地，他们就能够掌握会场上的发言节奏，发言质量也不断提高。

例如，在中小学的课堂上，喜欢积极发言的学生，会树立敢于发言的形象，给周围的人一种安全感。他们被一种责任感驱使着去提出一些问题，而周围的人也对他们抱有这样的期待。我们居住的社区，代替业主们发声的，也往往总是某些固定的人。即使在网上，频繁在社交媒体上发声的用户，相较于整体用户来说，也只是一小批人。

因此，如果你随便砍掉自己的发言次数，比如觉得"这一次，身边的人都很有冲劲，那我就来扮演一个参谋的角色吧"，那么在轮到自己发言的关键时刻，就很难让大脑和舌头运转起来。理想的状态是，不要关闭自身的"引擎"，要做好随时发言的准备。

此前，我一直写的都是增加发言次数的重要性，但是为了平衡起见，我想再补充一点，那就是一味地增加发言次数引人注目，不一定就有意义。这是因为，如果单纯地增加发言次数，就会导致准备发言的时间变少，发言质量往往就会下降。有些人似乎会偏执地认为，必须给考官留下印象，或必须要有存在感，于是就拼命找机会发言，但是我们应该明白，这种行为可能会增加曝光度，但并不会提高存在感。

另外，根据发言次数也可以判断考生的契合度。如果考生发言的次数过少，可能会被判断为缺乏积极性和主动性，而如果发言的次数过多，可能会因侵占了其他人的发言时间，而被判断为缺乏合作精神和顾及他人的意识。从这个角度来看，我们应该掌握好最合适的发言次数。

案例：在客户公司开会时的发言

这同样是发生在一家外资咨询公司的一个新人身上的案例。有一天，这个公司的一名新员工，因为在客户公司开会时没有发言，所以在回程的电车上，遭到了主管劈头盖脸的严厉批评。真诚反思了一番后，他又参加了另一家客户的会议。这一次，他在会上拼命地输出自己的想法，结果反而踩到了客户的"老虎尾巴"，会后被客户当面责备道"你的话太多了，年轻人"。这个例子说明，在职场上的会议中，应该掌握最合适的发言次数。

专栏 01

如何增加发言次数？

在第二章中，我写了很多关于发言次数的内容，但小组讨论实践中最困难的往往在于如何抓住发言的机会。正如你所看到的，当一群人在一起讨论的时候，因为有人不断发言，所以其他人很难插上话。另外，随着人数的增加，每个人的预期发言时间也会减少，所以你要快速有效地表达，以免让听众觉得不耐烦。

在几十个人的会场中，通常会使用发言机会分配制度，即主持人在有人举手后，授予其发言权，但在其他情况下，你必须自己把握好时机，插入自己的发言。这与玩大跳绳时，掌握跳入跳绳的时机感觉非常相似，要想跳入一个回旋速度超快的大跳绳是很难的。在一些快节奏的小组讨论中，参与者都是快嘴的辩论者，讨论会变成唇枪舌剑，插话的难度不亚于玩"交互绳花样跳绳"。所以对于许多新员工来说，真实职场的会议会让人觉得像玩大跳绳一样难以参与进去。

所以，如何在小组讨论中获得输出自己发言的机会，增加发言次数，是一个棘手且永恒的话题，我与一些朋友也就这个问题交换了意见。接下来，我就总结一下从他们那里学到的一些技巧。

一开始就往前坐

观察一些研讨会和讲座后你会发现，坐在前排的人往往发言更多。这些人可能是出于热情才坐在前面，也可能是他们明白坐在靠后的位置，会被视野中的大批观众干扰，很难将自己的意见传达给远处的主持人或演讲者。坐在前面，看不见大批观众，同时离主持人或演讲者更近，从心理上来说，会更容易表达你的观点。

专栏 01

将内容先写到笔记本上

在发言之前,应该简要地写下想说的要点。将文字记录下来的同时,可以在脑海中自动排练一遍要说的内容。此外,在发言时瞥一眼自己的笔记,可以避免因仓促和紧张,而不能正确地表述观点。即使缺少一些与对方的眼神交流,但只要内容传达准确,这样的表现就足够了。

发言前先轻轻地咳一声

这是一个非常小的细节,在发言前轻咳一声,有一种仪式感,可以让你在身体和心理上都做好说话的准备。

快速、小幅度地做一个举手的动作

特别是在不需要举手发言的小会场,小幅度地举手会吸引在场所有人的注意,几乎所有人都会给你发言的机会。另外,在人数众多的大型座谈会中,正如"先下手为强"字面上的意思一样,那些举手速度堪比综艺节目中快问快答环节选手的人,都能得到发言的机会。

设计一个开场白

根据语境加入一个开场白,可以消除自己发言的唐突感,合理地插入一个方向略有不同的意见。例如,如果你想厘清讨论的内容,你可以说"为了保险起见,我想确认一下……""我缺乏这方面的知识,想请教……"或"我只提一个简单的问题……";如果你想提出一个争论点或假设,你可以说"这只是一个假设……""不好意思,我只是有一个想法……"或"不好意思,我想回到一开始的问题上……"这样一来,你就能够在多人的小组讨论中吸引到所有人的注意,让他们做好听取你发言的准备。善于沟通的人,会巧妙地利用开场白,来吸引听众进入他们的语境,并将内容融入其中。

如上所述,如何增加发言次数,还需大家自己去反复摸索,所以请亲自去做各种各样的尝试吧。

Chapter 3 小组讨论的流程

在第三章中，我将根据实际情况，尽可能详细地描述一个典型的面试选拔中的小组讨论的流程。当然，各家公司的流程会不一样，文中无法涵盖所有情况，请读者理解。

走进小组讨论现场

在本节中，我将按照时间顺序为大家介绍一下面试选拔中的小组讨论的流程。一般来说，每轮的考生（应届生）有4至8人，他们会聚集在公司的一个会议室里，从进入到离开的总时间往往在30分钟到1小时之间。除非流程中增加员工的反馈环节，否则基本上都是这种时长。半日小组作业或所谓的"一日实习"则会需要更长的时间。

一般来说你的对手都是你不认识的人，但在特殊情况下会有来自同一所大学的人同时应聘同一家公司，你就有可能幸运地或不幸地与你认识的人分在同一组。如果你的对手是熟人，由于他们了解你的性格，这时要改变自己的想法，表现出不同的性格就会很困难。在某种程度上，遇到所有人都不认识的情况是非常值得庆幸的，因为你从一开始就拥有一个没有干扰的环境。

破冰

即使是即兴的小组讨论，也不意味着考生刚坐下就要开始讨论。在许多情况下，公司会事先安排一些时间，让考生们相互交谈，即开展"破冰之旅"。

如果把小组讨论视为一场比赛，"破冰"过程就等同于赛前练习。如果你在初中或高中时参加过运动类的社团活动，你就会知道，在赛前一定要提前到达赛场，并与队友们进行适度的赛前训练。同样，在小组讨论中，也有必要事先与随机配对的对手进行交谈，以达到热身的效果，为接下来的沟通做好准备。所以，有的公司会特意留出这段时间，以确保小组讨论能够顺利进行。

另外，正如朗读能够激活人的大脑一样，与人随意地聊天，自然也就让你的思维更加敏捷。一般来说，内向型的人如果在会议、集会、演讲、聚会等现实场景中，不习惯主动或长时间与他人交谈，可以选择在与他人交谈前，用提前热身的方式，让自己的身体和心理都做好准备。

不过，似乎有一种特殊类型的人，他们的思维非常敏捷，不需要提前到场为沟通做准备，随时可以按照自己的节奏切入话题。

案例：迟到后，立即作出贡献

某公司的一名年轻员工，在参加用英语进行员工培训的活动时迟到了一个多小时。但他不露声色地走进教室，坐在了前排，然后从包里拿出纸笔，放到桌子上，开始认真听外国讲师的讲解并不时地点头。几分钟后，当他整理完桌上的物品，突然用英语提了一个尖锐的问题。这让讲师咧嘴一笑。由于这是当天的第一个提问，他的表现显得极为突出。

自我介绍

破冰之旅差不多完成后，考官就会进入会议室，然后要求考生进行详细自我介绍。通常情况下，在破冰期间会有一个简短的自我介绍过程，但由于那时考官，即评估员不在现场，所以此时考生还需要再进行一遍自我介绍，以便让考官将每个人的名字和脸一一对应。进行自我介绍时，考官通常会先点名坐在自己附近的人，或和自己的目光对上的人，然后其他人再依次进行下去。

基本上，在每个人分享完自己的名字和简短的个人资料后，这个环节就结束了。偶尔，考官也会附加一些问题，例如："如果把你的人生分成三个阶段，你会怎么分？"或者如果时间较充足，考官又很有幽默感、喜欢开玩笑，他可能会要求你说一些有趣的事情，比如让你把自己比作一种关东煮的食材等等。考官会通过各种手段或问题来活跃气氛，不过这类问题基本不会对讨论的评价产生太大影响，所以可以放心地发挥。

在现实生活中，许多第一次见面的人聚在一起的时候，总是要先进行自我介绍。在商务场合下，按照日本的商务惯例，与会者通常会交换名片，但在某些行业的交流会或国际会议上，与会者通常会将名牌佩戴在胸前，或由主办方把名牌放置在会议桌上。

需要注意的是，有些考生会误以为自我介绍是一个自我推销的机会，于是便像要去单挑的镰仓武士那样率先报上自己的名号和在所属团体中的职位、头衔等，如"本人正是某个貌似很拽的学生团体的秘书长"或"本人正是某个著名社团的负责人"等等。但这只是讨论前的一个简短的自我介绍，所以最好还是收敛一点。

而且，一旦第一个人开始这样做，后面的人就会不甘示弱，自我介绍可能就会变成一场"自我推销大赛"，从而失去控制。在接下来的小组讨论中也很难展现出合作的气氛。其实，在后期的面谈环节中，考官还会问及你的高光时刻，所以没有必要在小组讨论这里强行宣传。

如果没有名片或名牌，你应该趁自我介绍的机会记下每个人的名字。因为在之后的讨论中，你可能需要引用个别组员的发言。

此外，虽然不像2005年的畅销书《人，九成靠外表》（竹内一郎著，日本新潮社出版）说的那样夸张，但随着小组讨论经验的积累，一般来说，通过几分钟对周围人的观察，你就可以大致判断出自己的定位。据说在剑道等与人直接对抗的竞技比赛中，选手在对方摆好架势的那一刻就能看出其实力，小组讨论中的观察也能产生类似的直觉。心理学界的一项研究发现，普通观众在观看了某讲座视频的前几秒后给出的印象，与实际现场全程听课的人员对该讲座的评价之间存在极高的相似度。

在考题尚未公布的阶段，很难做出更多的预测，但在这个阶段，至少应该先预判下其他人的性格，比如"从自我介绍来看，这人是一个'毁灭者'（见第119页），要注意不要在争论中和他杠上，让讨论停滞不前"，或者"他们看起来很害羞，很安静，所以我必须把讨论带动起来"。

宣布题目

考官宣布题目之前，考生事先并不知道要讨论什么，需要即兴发挥正是小组讨论的特性。考题通常由公司事先指定，或从众多题卡中抽选，考生往往无权选择题目。但有时为了避免讨论冷场，也会让考生一起商量，根据组员的喜好从几个题目中挑选一个，比如考官会说"请从三个题目中选择一个"。

确认前提

有时候，题目刚一宣布，就有考生想要马上展开讨论，如"那么，让我们轮流发表一下自己的看法吧"或"你对这个问题怎么看"。我认为，他们有些太过性急了。

许多情况下，考官给出的题目是相当不具体的，因此有必要先确定考题的定义、前提和背景，对题目进行解剖，然后再正式进入讨论。得到题目后，考生需要花几分钟来思考，因此要先确保每个人对于题目的认知是一致的。如果每个人都朝着不同的方向拼命思考，时间就会被浪费掉。

前提可以由组员自由假设，也可以向考官询问。询问考官防止讨论偏离考官期望的方向，并能够节省大量的假设时间。

例如，考题是：租户投诉电梯过于拥挤，你如何帮助大楼业主解决这个问题。进入讨论之前，你需要在第一时间弄清楚影响讨论的细节问题，比如该建筑是办公楼还是公寓楼，电梯在什么时间段过于拥挤，该建筑有多少层、多少部电梯，等等。有时我们会看到，当讨论出现分歧时，考生才开始逐一核对问题的前提，例如："这栋楼是一栋30层左右的高层建筑，对吗？"或者当讨论只剩下几分钟的时间，才开始确认大前提，比如："我们有没有说过这栋楼是一栋办公楼？"这样会非常耽误时间，所以一定要注意。

如果题目里有自己不熟悉的术语，最好诚实地向考官或在场懂这个词的人发问，请他们简略地解答一下，了解一些背景知识。正如谚语"问是一时之耻，不问是一生之耻"所说的那样，及时开口询问，比讨论时说一大堆废话或闭口不谈要好得多。

个人思考时间

在真实职场的会议中，参与者不可能一点准备时间都没有。同样的，小组讨论中的个人思考环节，就相当于留给考生的准备时间。

有时考官会规定考生可以思考几分钟，有时由考生自己决定。思考时每个人的大脑都在飞速地运转，这时如果有人提出来："让我们各自思考三分钟，然后再进行分享吧。"就不太可能会有人跳出来反对说："不，我们现在就开始讨论。"

思考是一个完全由个人思维能力决定的领域，可以通过平时的训练来提升能力。这里我想要自卖自夸一下，通过我之前所著的《"东大学霸"的解决问题能力提高法——面试中的案例分析型问题笔记》一书进行训练，效果会非常显著。如果你能利用个人思考的时间段准备好自己想说的内容，并从中拓展制定出几个可行的方案，你就能更容易地掌握讨论的主导权。

通常情况下，在这段准备时间中，你无法通过查阅互联网或书籍等方式获取信息。或许你能够在智能手机上轻松地查到需要的信息，但你不可能在考官面前摆弄手机。如果考题的专业性较强，为了公平起见，避免每个人在预备知识上存在较大偏差，有时候公司会给每个人发一份带有真实或虚构数据的信息材料。个人思考时间也包括阅读这些材料的时间。

不过，需要特别注意的是，不要制定太过完善的方案，这样会容易让自己变得飘飘然和固执己见。有了自己的方案后，很容易占据讨论的主导地位，但同时也要注意，你可能会失去对内容优劣的判断，也可能会因为坚持自己的理念，而忽视大家面面相觑的表情，导致讨论搁浅，甚至还可能会化身为"怪人"中的"顽固老爹"（见第120页）。特别是随着小组讨论级别的提高和人数的增加，讨论不太可能完全按照你所想的剧本进行，所以你应该事先做好心理准备，理解这种正常现象，不要为此感到沮丧。

开始讨论

交换意见

每个人都在思考后再与大家分享思考的结果，不仅效率高，而且能给人一种公平的感觉。很多时候，考生会自发地创造交流意见的机会，比如："好的，每个人大约30秒。从我开始发言可以吗？让我们开始计时吧。"如果你能在这时给出让每个人都心服口服的意见，你的存在感就会增加，随后你就能获得更多人的支持。但是需要注意的是，有一些例子表明，如果在这个环节花费太多时间，会导致迟迟不能进入正式的讨论。例如，在一个五人小组中，如果每个人大约用三分钟的时间来陈述，15分钟很快就会过去。所以应该确保每个人都能简明扼要地直奔主题，并尽快进入整合发言的阶段。

分配职位

这个阶段，可以将俗称"小组讨论三要职"的主持人、抄写员和计时员的职位分配出去。面试选拔中的小组讨论时间有限，无法像真实职场中的正式会议那样分配职位，所以职位往往是自然产生的，比如率先站到白板前的人就自动担任主持人兼抄写员，或者主动在纸上总结讨论内容的人就自动成了抄写员。

这些所谓的职位都只是形式上的虚位，并没有实际权力，所以被任命为这些职位不太可能立即让你获得优势。特别是那些被任命为抄写员的人，由于这个职位过于安逸，往往会一心在白板上写字，而不对讨论作出贡献，要注意避免这种情况。而主持人这个职位要发挥的作用则是十分明确的（详见第五章），所以主持人是一个容易创造出价值的职位。

每个人对"三要职"会有不同的看法，笔者认为抄写员的职位是必须认真决定的。如果没有抄写员，每个人都只顾着在自己的纸上写下见解，那么就很难在讨论中达成一个共识，所以一定要选出一个抄写员，让大家能够时刻看到讨论的进展。

特别是在有白板的情况下，字迹的工整程度会对讨论的效率产生隐性的影响，所以应该选择那些字迹工整的人担任抄写员，在白板上写下让每个人都能看清读懂的字。这是需要一定的经验才能掌握的技能，比如做过补习学校老师或做过较正规的小组讨论练习。

主持人对讨论的进展具有决定性影响，但是如果把它作为正式的一个职位，规定由某人来担任，引入某种意义上的"终身制"，是非常危险的。面试选拔中的小组讨论的一个主要特点是，与不认识的人展开即兴讨论。对于不认识的人，我们并不知道他的能力到底怎么样，所以如果从组员中，按照先到先得的原则确定主持人，容易发生主持人因能力不足或其他原因无法履行其职能的情况（如"怪人"中的"打瞌睡的船长"，第121页），讨论就会陷入僵局。所以，在最初的讨论过程中显露出具有主持才能的人自然而然地接过主持棒是比较稳妥的。

最坏的情况是选择了一个毁灭者型的主持人（如"怪人"中的"暴君"，详见第120页）。这类主持人恐怕会将所有人最初的共识，变成其权力合法性的基础而上位。所以，如果最初和其余成员打招呼时，你就预见到了会出现一个"暴君"，那么你可以在会议开始前的破冰阶段就用"既然我们只有几个人，就不必选出一个领导者，大家可以一起决定"之类的提议事先进行预防。如果出现了"暴君"，"政变"就不可避免，"革命方"和"暴君"都会消耗掉有限的时间和能量，所以应该避免引入终身制主持人的做法。

另外，计时员的职责也没有那么的重要，只有在有严格时间限制的小组讨论中，才会习惯性地设立这个流于形式的职位。事实上，在现实中的会议或集会中，很少会安排专门的计时员。这可能是一个极端的观点，但我认为这个工作让考官做就可以了。

反过来说，在有严格时间限制的小组讨论中，每个人都应该有时间观念。时间管理是一种共同责任，具备这样的意识是十分重要的。有很多人虽然自愿担任计时员，但却沉浸在讨论中，以至于忽略了时间管理，所以计时员应该由那些会因时间紧迫而产生危机感，能推动讨论进度的人担任。

设置时间线

接下来，就是将整体时间按具体活动进行分配。例如，如果讨论的时间是30分钟，则时间分配如下：5分钟找出问题点、10分钟讨论原因、10分钟讨论解决方案，5分钟准备汇报。

然而，需要注意的是，在时间分配的精确性和细致程度上，不同性格的人有不同的要求。有时候，如果你把时间划得太详细，会让讨论变得很拘谨，让大多数人难以接受。实际上，小组讨论的每个步骤，往往不能做到完全按照规定的时间进行，所以大致确定一下时间的分配就可以了。

达成共识

也就是讨论本身的过程，详见后面的章节。

讨论结束后的流程

选择汇报人

一旦讨论结束，大家已经达成共识，就需要对外做汇报。如果把小组讨论看作一个"交货期限为20分钟的项目"，把考官看作"客户"的话，那么汇报就相当于"产品交付"的过程。

如果是用时较长的小组作业或实习，在进行汇报时，可以让所有人都参与其中。但小组讨论有时限要求，出于对效率的考虑，汇报通常会由一个人完成。汇报人的确定一般是通过竞选，或由在场组员推荐，其往往是组员中表现最突出的人。可以说，当选的人无论是通过竞选还是通过推荐，都是作出了一定贡献的人。

不过，因为整个讨论过程都被考官看在眼里，所以即便被选为汇报人，也不意味着能在面试选拔中有很大优势。组员们都明白这一点，所以在汇报人由谁担任的问题上，几乎不会出现什么争议。

在真实的职场中，汇报人经常由主持人或抄写员兼任。这是因为主持人可以鸟瞰所有人的讨论情况，能够对输出负责。而抄写员的优势是持有在会议记录或白板上通过自己理解记下的笔记，更容易直接进行汇报。

还有一种常见的情况是，如果有人在讨论的最后，成功地总结了所有人的意见，大家都觉得"由他去做汇报绝对没问题"，接着就有人提议："某某，就按你刚才的方式进行汇报怎么样？"如此就自然而然地选出了汇报人。在我们的研究会里，同学们在练习小组讨论时，汇报人通常是自荐或由他人提名的，有时也会是主持人或抄写员，或者是最后的总结者。

汇报的前期准备

如果还有额外的时间，哪怕只有几分钟，被选中的汇报人也应该简单地做一些准备。如果时间允许，最好能进行一次排练，以获得组员们的反馈，确保全员达成的共识能够完整、正确地呈现。

汇报环节

用一分钟左右的时间来总结讨论的成果，并向考官汇报。很多时候，汇报人会按时间顺序，把辛苦讨论的过程，从头到尾地详细叙述一遍，但其实只要给出讨论的成果和理由就足够了，比如："我们的结论是……我们假设了……的前提，对……进行了分析，于是得出了这个结论。"

这类汇报毕竟属于小组讨论的最终成果展示，原则上除非另有要求，否则不需要展示背后的思考过程。此外，就面试选拔中的小组讨论而言，出于选拔的需要，考官已经看到了整个讨论过程，所以没有必要再重复一遍。

如果存在意见分歧，本着"尊重少数人意见"的精神，应该鼓励提议人针对被驳回的重要观点再次发言，这是比较公平的态度。反过来，如果你的意见被驳回，而你又有非说不可的观点，可以争取再次发言的机会，不过也应该有所克制，因为如果过于坚持，可能会让人觉得你太以自我为中心。在许多情况下，因为考官也一直关注着讨论过程，所以没必要反复重申自己的观点。

另外，在真实的职场会议中，每个人今后的工作任务，往往会作为下一次会议前的作业，连同截止日期，以及抄写员整理的会议记录，一起分配给每个成员，并通过电子邮件或其他方式共享。由于面试选拔中的小组讨论是一次性的活动，自然就免除了这个环节。

问答环节

汇报结束后，考官可能会向汇报人或其他考生，就讨论成果或发言内容进行提问。这种情况的发生，要么是因为考官纯粹对讨论成果感兴趣，要么是因为考官不确定该如何评价某个特定的考生，想单独对他进行口头提问，以获得更多的信息。你应该做好应答的准备，不要因为小组讨论结束了就放松警惕。特别是在小组讨论中发言比较少的人，在问答环节中如果被考官提问到，就等同于多了一次表现自己的好机会。

有时，考生可能会被问到一些自我反省类的问题，例如："如果让你再做一次小组讨论，你会怎么做？"这就像是在日本将棋或围棋比赛中，对战的棋手会对棋赛进行复盘，进行回顾和反思一样。这时，你可以坦诚地讲一些讨论过程中的问题，同时表达出希望改进的意愿，比如"应该先确定一下题目的定义"或"这个时候的争论浪费了时间，应该把问题暂时搁置，让讨论继续进行下去"或"如果再给我几分钟，我就能做到……"等等。

反馈

这个环节是对输出成果进行简要的反馈。由于许多考题与公司的业务有关，考官通常会对汇报的结果是否具有现实意义做出评价。对于小组讨论的进行过程，例如时间分配等，只做简短的评价。而站在考官的立场上，往往很少会提及被评估者的个人表现。

考官在结束时的客套话一般都是"最后你们还有什么问题吗"。在面谈中，这应该是在考察你的提问能力，考官想知道"你的提问能达到什么水平"。然而，在小组讨论中，互动交流的形式感比较强，所以如果你没有什么想问的，也没有关系。当然如果没有人提出任何问题，你也不妨问一下。

在这里，应该注意千万不要作茧自缚，问一些只需网上搜索一下就能找到答案的问题，或者把问题的答案落在自我推销上。也应避免问一些不痛不痒的问题，比如"您推荐什么书？"或"您所尊敬的人是谁？"你应该老老实实地顺着气氛走，问一些与小组讨论和反馈相关的问题，或者与考官自身工作相关的问题。

评价

在面试选拔中的小组讨论的特定环节中，会有一到两名考官对候选人进行评价。如果一个公司安排的是合作游戏型的小组讨论，那么每组合格的人数可能没有限制，评价是按绝对评价的标准执行。趁着对讨论的过程还有印象，考官几乎会当场做出判断，所以可能会在讨论结束后的几天内就通过电子邮件或电话把结果通知下去。

最后，我还想补充一个细节，那就是在小组讨论中，考生在空间上所处的位置，即他们的座次，对于其表现有很大的影响。例如当使用白板时，坐在白板附近的人很容易自然地站到白板前，充当控场人。古今海内外的战争中，占据山坡或上风口等有利地形，一直都是军事常识。而换成小组讨论，白板前就是这样一块地方。夸张一点地说，白板前简直就是控场人的圣地。

反过来说，如果你位于白板前，你可以很自然地把自己放在一个不得不进行控场的位置上。这听起来可能非常浅显易懂，小组讨论的座位通常是按照先到先得的原则决定的，所以如果你想要充当控场人，最好提前到达。

如果在进行讨论时，没有设立白板，只给每个人发了纸，而你又坐在抄写员的对面，那你可能会只顾着辨认颠倒的文字，而无法跟上讨论。事实上，有些人因为处于空间上"下风口"的不利位置，无法跟上讨论的进度，渐渐地所作的贡献就越来越少。这可能与坐在后排的学生在上课时看不清黑板上的字迹，但仍然待在后排，而不移到前方空着的位置上情况类似。积极的做法应该是，<u>如果抄写员的总结看不清楚，那么坐在对面或更远处的考生应该主动挪动下位置</u>。

至此，关于典型的面试选拔中的小组讨论的流程讲解就结束了。接下来，就让我们探讨一下如何才能为讨论作出真正的贡献吧！

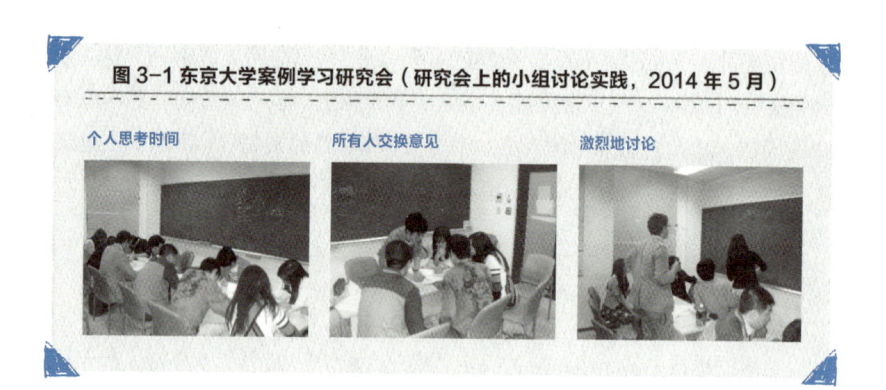

图 3-1 东京大学案例学习研究会（研究会上的小组讨论实践，2014 年 5 月）

个人思考时间　　所有人交换意见　　激烈地讨论

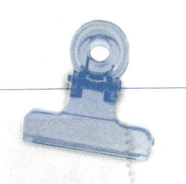

Chapter 4 自身定位（硬性层面）

在足球比赛中，分前锋、中场和后卫等不同角色，而在小组讨论这项智力型团队比赛中也是如此。在本节中，我们将探讨如何产出与讨论成果直接相关的、内容层面的价值主张[1]，也就是硬性层面的价值。

什么是内容层面的价值主张？

在小组讨论的现场，交织着各种类型的发言。在第二部分实践篇第八章里，从考题"如何缓解迪士尼乐园的拥挤状况"中发展出了一系列故事，在这里我大概复述其中的一些发言，作为例子。

① 我们的客户为什么想要消除拥挤的现象呢？究其原因，恐怕是因为游乐园的客人投诉了他们。总之，只要顾客不感到厌烦，是否真的拥挤其实并不重要。

② 在花车巡游期间，让商店搞限时促销如何？比如所有产品半价。不然就干脆在盂兰盆节和黄金周期间，把门票的价格提高。

③ 嗯，总觉得增加更多道路或拓宽道路的方案，成本似乎过高。我认为我们不应该朝着道路建设的方向思考。

④ 各位，很抱歉打断大家的兴致，但看起来时间只剩下不到10分钟了。所以我们差不多该开始缩小瓶颈（制约因素）了。

⑤ 稻垣先生，你从开始就一直皱着眉头，你有什么感想吗？

⑥ 刚才中居认为，由于需要等待的时间信息没有同步通知到所有游客，导致了行动上的不均衡，我觉得他的观点很有意思。这可能会帮助我们解决掉空间

---

[1] 价值主张：即作为一个公司或组织可以给予客户或利益相关者的、别人无法复制的独特价值。

不均衡的问题。

你是否注意到，这里列出的发言可以分为两种类型呢？发言①至③提供了与讨论成果直接相关的内容层面的价值，具体来说就是争论点或对策层面的观点，以及对观点的评价。换句话说，这些发言无论最终是否被采纳，都属于讨论中内容层面的价值主张。在本书中，它们也被称为硬性层面的价值。

另一方面，发言④至⑥与讨论成果没有直接关系。它们或是提醒了时间并推动讨论的进行，或鼓励其他考生发言，或明确发言之间的联系，并不能直接生成可交付成果，但有助于讨论的顺利推进。这些发言在考生之间起到了协调的作用，所以属于协调层面的价值主张。在本书中，它们也被称为软性层面的价值，在下面的第五章，我会对此做进一步的讲解。

有三个主要角色（也称自身定位）负责提供硬性层面的价值主张：引导员、供给者和观众。简单来说，"引导员"是"问题创造者"，"供给者"是"问题回答者"，"观众"是"答案修订者"。正如下面的图表所示，每个角色都负责着两项工作。这并不是说考生一定要专注于其中一个角色来提供价值。大多数情况下，每个人都可以在多个角色之间灵活转换，将几项工作穿插起来进行，发挥自己独特的价值，从而为讨论作出贡献。

表4-1 硬性层面自身定位的分类

角色	一言以蔽之	提供的价值
引导员	问题创造者	确认前提
		设置议题
供给者	问题回答者	提出假说
		提供信息
观众	答案修订者	整理内容
		评价内容

硬性层面自身定位的分类

接下来，我为大家讲解一下每个定位的作用和任务。

引导员的作用

引导员是小组讨论中最重要的角色，是"问题创造者"。他们搭起了讨论的框架，所以大家对他们的贡献寄予了很高的期望。在小组讨论的前期阶段，有很多时候都需要他们发言，可以毫不夸张地说，讨论成果的潜质几乎是在这时决定的。

确认前提

先明确和列出所有的前提条件是非常有必要的，这适用于解决任何的问题。在物理学和经济学的数学建模中，特别是与他人进行缜密的讨论时，需要先分享符号的定义和所有假设的前提条件；在金融建模的实务中，将电子表格交给他人时，也需要将模拟的所有假设条件总结到这个表里；在数学考试中，答题时也必须写下解题的所有必要条件。

所以，在日常生活中遇到问题时，我们需要把自己放在问题创造者的位置，逐一地确定前提条件。

在面试选拔中的小组讨论里，正如我在小组讨论流程（见第三章）所介绍的那样，考官给出的考题通常是非常宽泛的，首先需要考生对其进行定义。这种前提设定在面试选拔中的小组讨论里往往被轻视，但它其实是极其重要的，因为它决定了讨论的方向。如果不做前提确认，可能直到最后每个人对问题的假设还略有偏差，就会出现非常尴尬的局面。

在本章中，我将以"如何增加到东京观光的外国游客数量"这一问题为例，逐一说明什么是硬性层面价值的发言。首先，类似下面的发言，都相当于是在确认前提。

"以2020年东京奥运会为契机，如何让来到东京的外国游客数量翻倍？（截至2014年，日本政府已经设定了一个目标，即将赴日外国游客的数量增加一倍，达到2000万人。）"

"假设解决问题的当事机构是东京都政府和观光厅，可以吗？"

"将商务旅行者和国际留学生排除在游客类别之外，可以吗？"

"我们要注意增加的是普通游客的数量，而不是奥运会的观众，好吗？"

设置议题

确定了考题的前提后，接下来就是设定每个人都应该回答的问题的争论点（小组讨论的"老鸟"们也称之为"议题（issue）"）。理想的情况是，一个考题被分解为几个大议题和若干个子问题，最终组成一个问题集。类似于考试题中"问题1（1）"这样的题目划分形式。

如果考生不知道要讨论什么，就会陷入沉默，讨论就不会向前推进。因此，将难以下手的宽泛的问题细分成具体的、适合讨论的问题，就为考生们创造了发言的机会，是一种极具创造性的贡献。这是引导员的主要任务，也是硬性层面的定位中最重要的工作。

这同样适用于日常会话。例如，在酒局上，组织者可能会向参加者们抛出一个风趣幽默的问题，以活跃气氛，让他们一下子提高兴致。如果不知道开启什么话题，人的大脑会一片空白，以致在场的人都沉默不语。这时一旦提出一个问题，就相当于设立了一个精妙的争论点，为所有人提供了话题。

以"增加来东京观光的外国游客"这个考题为例，可以分解为以下几个问题：

问题1：现在每年有多少人从哪些国家来到东京？人数是在增加还是在减少？为什么？

(1) 每个国家的人口规模和人口增长率情况如何？

(2) 游客中中产、富裕阶层的占比分别为多少？
(3) 新游客多还是老游客多？
(4) 自由行游客多还是跟团游游客多？

问题2：应该针对哪些目标群体，进行哪些内容的宣传呢？
(1) 东京吸引人的地方有哪些？
(2) 来东京进行一次国际旅行的成本（障碍）有哪些？

问题3：针对相应的目标群体，用何种方式进行宣传呢？
(1) 口碑网站和社交网络等网络宣传方式是主流吗？
(2) 旅行社的作用是什么？

设定争论点的方法有很多，例如你可以像上述这样，把考题分为三个大议题和若干的子问题。同时，正如我在第三章"设置时间线"（见第32页）中所解释的那样，如果将考题分为几个大问题后，再在时间上做一个大致的分配，就更好了。

其实，设置议题还有一个作用，就是能够从更高的角度看待问题，找出当事方的真实需求。例如，就像第三章中提到的那个案例一样，假设一个业主向你咨询，他的办公楼的电梯在通勤时间很拥挤，收到了租户的投诉，他应该怎么办。在这种情况下，讨论可以从供应角度出发，如将电梯分成只通高层或只通低层；也可以从需求角度出发，如要求人们错峰通勤或要求低楼层的人使用楼梯。然而，业主实际采取的做法是，在一楼的电梯附近安装镜子。换句话说，人们可以在等电梯时，在镜子前打领带或化妆等，打理好仪容再去上班，这样就不会因为等不到电梯而不耐烦了。在这里，问题从"如何减少拥挤"被重新设计成了"如何减少通勤者的烦躁感"，使得议题的设置直达对方最真实的需求。

这样一来，引导员通过确认前提，明确了问题的基础，同时通过设置争论点，也就是要回答的议题，在搭建框架方面发挥了重要作用。

供给者的作用

引导员的作用是搭建讨论的框架，而供给者的作用则是为引导员搭建的框架添砖加瓦。换句话说，引导员是创造问题的人，而供给者则是回答问题的人。

提出假说

这里的假说，包括以分解问题的方法为切入点提出方案，对作为根本原因的制约因素进行推测，以及对策的创意等一切内容。这项工作决定着讨论是否充实，是讨论成果形成的关键因素，因此需要投入的发言量最多。

这里沿用前面"增加来东京观光的外国游客"的例子，那么类似下面的发言，都相当于是在提出假说。

> "从参观东京主要旅游景点(如日本皇宫和浅草寺)的外国人来看，大多数赴日游客来自附近的亚洲国家吧？"
> "包括泰国和印度尼西亚在内的东南亚国家，人口规模和人口增长率都很大，而且中产阶层和富裕阶层的人数正在增多，应该加强对这些国家市场的重视吧？"
> "日本人是否忽略了那些更受外国人喜爱的旅游资源？"
> "在语言和宗教等跨文化应对方面是否存在问题？"
> "不然干脆直接免除旅行签证的要求吧。"(对策)
> "请日本侨民写博客来宣传日本如何？"(对策)

在这些发言中，最后两个相当于是对策方面的提案。需要注意的是，在短暂的面试选拔小组讨论期间，如果你提出太多离奇的对策，可能不会被采纳。因为面试选拔中的小组讨论，准备和讨论的时间都很短，所以很难区分出你的对策是好的创意，还是仅仅是突发奇想，你也没时间说服他人相信对策的有效性。

提供信息

单纯的假说，说到底只是一种"假"说，没有事实根据的支持。因此，有必要用一些信息来佐证这些假说。这时就需要提供信息的工作发挥作用了。

对于一般的会议和集会，自然可以从互联网上或书本上查找资料，作为小组讨论之前的初步研究，这些工作也是有必要做的。但在面试选拔中的小组讨论里，是无法通过互联网或书本等途径，获得外部信息的。有的公司可能允许考生用智能手机做一些简单的信息搜索，但原则上你还是只能依靠个人头脑中已储备的知识和信息。

有时，提供确定讨论方向的关键信息，会对讨论产生决定性的影响，并决定后面的流程。特别是当讨论方向有分歧时，你应该在大脑数据库中搜索任何你知道的事实或例子，来佐证自己的观点。不过需要注意的是，有时候，一个事例就可以破坏讨论的大前提。那这种轻易用事例造成负面作用的人，会被我们叫作"怪人"中的"批评家"（见第123页）。

沿用前面的例子，以下信息可能有助于支持之前的假说。

"2013年，81%的赴日外国游客来自亚洲。他们中，来自韩国的占30%，来自中国的约占50%（其中台湾约占30%，香港约占10%），即来自中国和韩国的游客，占了赴日亚洲游客总数的80%。（来自日本国家旅游局的统计数据）"

"其次是来自泰国、新加坡、马来西亚、印度尼西亚、印度和越南等国家的游客，不过这些国家的游客人数加起来只占了赴日亚洲游客总数的14%左右。（同上）"

"涩谷路口密集的人流，对日本人来说是一个很平常的景象，但在外国人看来却并不寻常。外国游客会把这里当作一个旅游景点，在这里拍照留念。"

"在邻国韩国，首尔明洞商业街的服务人员很多都会用日语交流，很擅长接待日本客人。但是在日本，虽然韩国游客所占的比重较大，却很少有旅游景点提供迎合韩国游客的服务。"

"泰国推出了免签政策后，2013年前往泰国的游客数量同比几乎翻了一番。"

"japan-guide.com是面向外国游客的一个知名日本旅游指南网站，目前每月有140万次的访问量，网站由一名瑞士人运营，上面的文章撰写也由瑞士编辑负责。"

由于在面试选拔中的小组讨论里，考官并不会对个人的知识储备进行评价，讨论的性质更倾向于考察思维能力，所以与其他任务相比，提供信息确实是一个相当低调的工作。由于考生的知识背景不同，也没有时间去调研，所以出于公正的考虑，考官往往避免采用那些本身就需要专业知识和信息的考题。

另一方面，在现实社会中，提供信息则是一项重要的任务。在咨询公司，新人分析师的主要工作，就是收集事实依据来支持他的假说，在讨论中，一手信息和原始数据，是讨论能力较弱的新人分析师发言的唯一依据。在法庭上，原告和被告通过提交最新的证据来努力争取胜诉。在议会中，议员们在追查政治不法行为时，会以从自己的情报网获得的事实作为依据，来问责当事人。在外交情报领域，信息安全关系到国家的生死存亡，事实上有些国家甚至把训练间谍和黑客作为一项国家政策，以便从其他国家窃取机密情报。

像这样，供给者通过提供一套包含假说和信息的内容，便在发散思维和丰富讨论方面发挥了作用。

观众的作用

供给者为引导员的框架添砖加瓦，而观众则为框架添加装饰。换句话说，观众的作用是在供给者对引导员创造的问题给出答案后，从第三方的角度对答案进行评价。用一句话概括，观众就是"答案的修订者"。

整理内容

随着讨论气氛的逐渐升温，供给者提供的假说和信息会越来越多，这时就必须要对其进行整理。就像如果房间里的东西越来越多，人们会把不需要的东西扔掉，然后购买收纳箱把需要的东西整理好；电脑桌面上的文件数量过多，人们会删除没用的文件，然后按层次创建新文件夹存储有用的文件等等。整理内容的任务就与这些工作类似。

整理内容就是将杂乱无章的发言或达成的共识，整理到一个条理清晰的框架中，是需要经过一番思考的结构化技能。在所谓的整理学领域，关于逻辑思维、框架、整理术、思维导图等方面的参考书有很多，我就不多做解释了。

沿用前面的例子，在发言中，你可以提议按以下框架进行整理。

"建立一个表格，列名是国家和地区名称，行名是人口规模、人口增长率、人均GDP增长率，然后整理出目前各地的来日游客数量和份额及其增长率，如何？"

"把来东京旅游的诱因和成本（障碍）整理成一个树形图，将诱因分出美食、文化和娱乐三个分支，将障碍分出费用、语言和交通三个分支，如何？"

"将宣传的手段，细分为网络、旅行社和口碑怎么样？"

评价内容

这项工作是要针对供给者提供的假说和信息，从第三方的角度进行修正、补充等。简而言之，它与所谓的"吐槽"相类似。

沿用前面的例子，可以考虑借鉴下面这类"吐槽"。

"来自中国的游客加起来，约占赴日亚洲游客总量的50%，那么我们努力的方向自然是加强与中国的合作，而不是向目前游客数量占比不到20%的东南亚地区倾斜。来自东南亚的游客数量的增长速度，是否大到了足以实现2020年游客翻番的目标呢？"

"为了尊重他国宗教的习惯而付出的成本，是否能够收回呢？酒店和餐馆是否原本就有主动招揽信教的外国客人的意愿呢？"

"对于外国人来说，有住在东京的朋友和亲戚，在某种程度上不也是一种旅游资源吗？请在日人员邀请国外的朋友和亲戚来玩，由自己充当向导，不失为一种好方法。"

"不单单考虑东京，而是将其与附近的世界遗产地，如将东京与日光、富士山结合起来，岂不是更有吸引力？"

"一下子免除签证恐怕会造成安全上的风险吧？"

"放弃博客等传统常规的宣传方式，转为直接推销进修旅行、大学毕业旅行等产品，不是更快捷吗？"

一句话说得很好，没有替代方案的反对意见就是没有意见，以此为原则是非常重要的。换句话说，你应该养成一个习惯：在你反对或否定别人的意见的时候，应该同时给出理由或一套替代方案。如果对方说"我认为应该怎样怎样……"，而你想要做出反驳时，有下面几种表达方法：

> 1 "不，不是这样的。"（表示反对）
> 2 "不，不是这样的，因为……"（表示反对＋理由）
> 3 "不，应该……"（替代方案）
> 4 "不，不是这样的，因为……，所以应该……"（表示反对＋理由＋替代方案）

第一种反驳中，在对方发表了他的意见和理由后，你只是表示了不同意，所以这不是讨论，只是闹脾气。恐怕对方也会反问你："为什么？"第二种反驳也是不够的。这是"怪人"中的"批评家"（见第123页）常用的一种反驳方式，这只是驳倒了别人花时间想出来的提案，并不会促成富有成效的讨论，还会扼杀大家自由发言的意愿。第三种反驳方式，往往会导致争论。如果对方提出了第一个方案，而你反驳道："不，应该是……"，不管之前的提案多么不合理，你也只是毫无根据地提出了第二个方案，它们在讨论两种方案属于半斤八两，这只会使讨论发生分歧。理想的反驳方式是第四种，即在指出他人提案的缺点和分析原因后，提出你的方案来克服这些缺点。

此外，即使你不同意对方的观点，也可以使用"是的，但是……"的句式，以表示尊重对方拿出的第一个方案，这种积极配合的态度是非常重要的。换句话说，要确保对方明白，你认真地听取了他的发言，比如你可以说："啊，有道理。这的确是一个好的意见。但我觉得……"很多人觉得这种低效的客套很麻烦，但如果站在合作的角度来看，它们是促进讨论顺利进行所必需的润滑剂，最后往往会使讨论更有效率。

就这样，观众从新的切入点，对供给者提供的内容进行整理和订正，在收束中心和总结讨论方面发挥了作用。

三个硬性层面定位的工作模式

我把小组讨论内容层面的价值主张分成了几种情况，但其实，在我们独自工作或学习时，每个人都是一人分饰三角，同时扮演着引导员、供给者和观众这三个角色。工作时，我们首先会明确背景条件，如工作的最初目的、要考虑的范围和最后期限，然后确定要做的任务和要回答的议题（引导员）；接下来，我们会产生越来越多的想法，并收集信息，像头脑风暴一样发散思维（供给者）；最后整理出结果，进行自我订正和修改，并收束成为最终的产出（观众）。也就是说，在小组讨论中，由一个人完成的工作变成由多个人完成，这必然需要根据考生的能力进行分工。

然而，在实践中，不应该将任务的分工僵化处理。只专注于一个定位，有其明显的弊端，如果小组中有一个强有力的竞争者展示出了同样的价值，或者你所定位的那部分工作在实际讨论中的需求度并不高，那么你就无法发挥出自己的价值。因此，作为一种风险对冲，你还应该具备第二种特长。通过制造价值主张上的反差，给人一种在讨论中可以转换自如和可靠的感觉，而不是成为单纯的"逻辑怪""方案怪"或"信息怪"。例如类似以下的许多组合都是可以考虑的，请尝试不同的分工组合，以便找到属于自己的那一个。

在讨论的初期阶段，提出需要讨论的争论点，并建立一个大致的框架（设置议题），然后偶尔站在观众的角度，插入一两句"吐槽"（评价内容）。

在一开始就提议，应该明确模棱两可的术语的定义，以防止讨论无法推进（确认前提），然后一针见血地提出业内现实存在的假说（提出假说）。

将讨论内容整理到一个清晰的框架里（整理内容），同时在必要时提供事实来支持当下的假说（提供信息）。

另外，如此前所述，考生的定位与足球比赛中球员的位置有着相似之处。在棒球比赛中，击球顺序和防守位置是固定的，而在足球比赛中，球员在场上从进攻到防守的位置——前锋、中场、后卫和守门员——可以根据情况而变化。当然，也有全体进攻或全体回防的时候，或者极为罕见的，但也有守门员持球试图射入对方球门的情况。简言之，不要被自己的角色定位绑住，不要限制自己作出贡献的方式，如"今天，我一定要搭建一个框架"或"这一次，我要处于节能模式，专注于'吐槽'就好"等话语不要对自己说。

更明确点说，对每个人来说，定位并不是绝对不变的，而是根据参加小组讨论的成员的特点和气质而相对变动的。例如，如果你周围的人都是引导员，他们从一开始就积极发言，并试图为当下的讨论搭建一个框架，那么确认前提和设置议题的工作就可能被他们占领了。这时候，你就可以把自己当作供给者或观众去提供价值。另一方面，如果你周围的人都是被动的观众，都在等着整理内容和评价内容，那么除非有人积极承担引导员或供给者的角色，组织起内容，否则可能无法扭转小组讨论消极的局面。理想情况下，你应该观察周围考生的定位偏差，并灵活地进行补充。

事实上，引导员、供给者和观众的框架，在某种程度上也适用于面试选拔中的小组讨论以外的集体交流的场合。

让我们以真实职场中的会议或大学中的研究小组为例。在会议或研究小组中，一个被称为汇报人的发言者，准备了第一版草案的内容，那么其就相当于供给者。负责推进当天流程的主持人，就相当于引导员。观众则是其他参与者，他们对汇报进行评价并做出评论。在大学的研究小组中，有时候讲师既推进流程又做出评论，所以他既是引导员又是观众。

如果是电视里的搞笑综艺节目呢？引导员是提供话题并推进流程的主持人，实际上，节目制作人也可以算作引导员。供给者是指节目内容本身（采访节目、游记节目、纪录片、整人节目等），通常由某位艺人介绍或由幕后工作人员制作。观众是坐在台上的搞笑艺人，他们对节目内容做出反应，并对其进行评论。

最后，在日常谈话、酒局，或是相亲等情境中又是如何呢？这时引导员是对在场的所有人或某个特定的人抛出话题的人，比如，"你最近去哪里做什么了吗"或"你觉得他怎么样"。而供给者就是提供好笑故事的人，往往担任逗哏的角色，善于讲话。与之相对的观众，则是冷静地俯视，不断地"吐槽"（捧哏），对内容做出反应或评论的人。如2011年退出日本娱乐圈的著名主持人岛田绅助，他能够向在场的人抛出话题，并精准地吐槽，甚至自己还发展出了逗哏的才艺。他在黄金时段的电视节目中结合了这三种定位的表演，留在了许多人的记忆里。

当然，有一些例子可能不适用于这个框架，但如果你仔细观察一个集体交流的场景，你会发现总是有人扮演这三个角色：问题的创造者、问题的回答者以及答案的修订者。如果你能清楚地判断出谁负责提供什么样的价值，你就会对当下沟通的局势有一个更清晰的认识。

Chapter 5 自身定位（软性层面）

在第四章中，我们明确了与小组讨论的成果直接相关的价值。如果说这些是与讨论成果直接相关的内容层面的价值主张，也就是硬性层面的价值，那么本章提到的带动其他考生发言，调解意见分歧等协调层面的价值主张，就是软性层面的价值。

什么是协调层面的价值主张？

在小组讨论中，如果每个考生只有在想表达意见时，才随便地交谈几句，这样是远远不够的。首先，应该安排一个人，在小组讨论的现场有效率地组织发言，进行计时，管理进度。同时需要有人抛出话题，带动发言，在白板上分享讨论的进展，总结出现场达成的共识。还有一些任务，是在有利益冲突的各方之间保持中立，整合他们不一致的观点。在第四章中我们谈到，在与讨论成果直接相关的内容的生产活动中，思维能力起到了关键的作用。而与之相对的，在这种发言的协调活动中，则需要发挥人际交往能力。换句话说，这相当于集体智识生产中参与者的"为人"和"处事"的方法，是一个直到现在还在一定程度上属于隐性知识的领域。

第一章中，我用以下三个条件定义了小组讨论。请注意，这些条件并不局限于面试选拔中的小组讨论，而是一个框架，可以应用于真实职场的会议、各种社区集会和学生的研究小组。

条件一：争取在时间限制下达成共识；
条件二：有多名参与者发表自己的看法；
条件三：实时磨合意见。

实际上，这些条件中，包含了协调发言的所有要素。与硬性层面的定位类似，软性层面也有三种角色定位——协调员、助言者和编辑，每个角色也负责着两项工作。如果要大致解释一下，那么"协调员"就是串联意见的人，"助言者"就是引出意见的人，"编辑"就是总结意见的人。详见下表。

表 5-1 软性定位的分类

角色	一言以蔽之	提供的价值	
协调员	串联意见的人	管理进度（经理人）	争取在时间限制下达成共识
		建立共识	
助言者	引出意见的人	分配发言（主持人）	有多名参与者发表自己的看法
		带动发言	
编辑	总结意见的人	记录议程（抄写员）	实时磨合意见
		总结共识	

我们可以看到，三个条件中的每一个条件，都对应着一个角色。此外，每个条件的前半部分和后半部分，都分别对应着每个角色的两项工作。每个角色的第一项工作，分别与会议中的三个职能或职位——经理人、主持人和抄写员相对应。

小组讨论毕竟是一个集体智识生产的过程。一般的智识生产所需要的要素是硬性层面的，正如第四章末尾所提到的，即使独自工作或学习的智识生产活动，一个人也要扮演引导员、供给者和观众三个角色。而另一方面，集体所特有的要素，则是软性层面的。小组讨论是以集体的形式进行的，因此第一章中提到的小组讨论的三个条件也包含了集体特有的要素。这就是为什么我把小组讨论定义为一个满足这三个条件的智识生产场景。

正如我在第四章"三个硬性层面定位的工作模式"中所提到的，扮演这些角色的人并不是固定的，在整个过程中，你的角色也很可能发生变化。另外，在一个小型的小组讨论中，一个人也可以担任多个角色。

在本书中，对于担任软性层面三种定位中任何一个角色的考生，我将他们统称为"控场人"。在小型的小组讨论中,分工不是那么明确,一个人往往可以兼任多个角色,所以小型的小组讨论是展现一个人强大控场能力的绝佳舞台。

控场人的终极模式是所谓的"终结者",这个角色需要具有压倒性的能力水平,同时负责协调员、助言者和编辑的工作。不过在现实中,你很难遇到一个具备多任务处理能力的考生,因此这只是一个理想化的角色。

案例:终结者

这是一个外资咨询公司的传奇合伙人的例子。他能够同时担任协调员、助言者和编辑三个角色。他会坐在会议室的最后面,敲打着电脑,听着各种意见,一边"嗯嗯"地点头称是,一边向在场的人抛出问题,还会不时地插入几句"吐槽",比如"换而言之就是……""这样两个人的前提就冲突了……",同时还能在快要结束的时候,一边说"哦,时间差不多了",一边整合了所有意见。在会议结束时,除了会议记录和达成的共识的摘要外,他还准备了一份写有今后每个人的任务和截止日期的清单,并立即通过电子邮件与大家分享。当他离开时,会潇洒地留下一句话:"邮件已经发送过去了,回见!"

软性层面自身定位的分类

接下来,我为大家解释一下每个定位的作用和任务。

协调员的作用

协调员在协调发言的活动中发挥着最重要的作用。他们会具体地设计和运营多人参与的集会,控制讨论进度,引导意见不同的人达成共识。他们是人与人之间的纽带,简而言之就是串联意见的人。

控制进度

让我们先来看一看从条件一"争取在时间限制下达成共识"衍生出来的任务。首先,在时间限制下就代表着时间有限,需要进行时间管理,即需要经常确认时间,以便讨论能按进度顺利推进。这就是为什么在面试选拔中的小组讨论里，需要安排计时员这个角色。计时员的工作是通过提醒剩余时间，让所有人注意时间的限制。不过，这个角色作为一个定时器，只起到了报时的作用，所以计时员是一个没有什么附加价值、流于形式的职位。极端一点地说，秒表的计时功能就足以替代他。真实职场的会议中，很少会专门安排一个计时员。为了让在场的每个人都能够注意时间的限制，小组讨论才习惯性地设立了这个职位，其实没有必要让任何一个人专门负责这个角色，即使有明确规定，找一个人兼职也足够了，如果时间管理成为每个人的共同责任，那就更好了。

如果对时间管理做更宽泛的解读，那就意味着我们需要管理进度，以确保能够在有限的时间内，解决我们自己设定的问题并最终达成共识。这就是经理人这个职位的职能。从某种意义上来说，计时员的工作也可以被认为是经理人工作的一部分。

经理人的作用是管理项目，确保在规定的时间内交付产出，即讨论成果。如第三章中的小组讨论系统所示，经理人需要在小组讨论开始时完成时间线设置，接下来，还需要对讨论进行管理，以确保其不偏离最初确定的争论点和时间分配。也就是说，经理人处于高屋建瓴的位置，需要不断确认正在讨论的问题是否回答了最初提出的争论点，如果感觉跑题了，就要指出来并引导讨论重回正轨，向前推进。畅销书《如果高中棒球队女子经理读了彼得·德鲁克》中的主角小南，作为一个弱小的高中棒球队的经理人，管理着一个以打进甲子园（日本全国高中棒球联赛）为目标的项目，在书中她会执行细致的进度管理，比如经常找出现问题的球员进行谈话等。

在管理进度时，经理人需要在大方向上，决定是否坚持或跳过某个争论点，即经理人需要决定是在一段时间内坚持讨论一个议题直到达成共识，还是暂时搁置争议进入下一个议题。

由于小组讨论有明确的时间限制，所以讨论并不能保证一定会围绕引导员设计的讨论流程进行。在讨论的流程中，每一个争论点都有对应的时间分配，所以如果对某个争论点的讨论即将超时，最好先转到下一个争论点，而不是针对一个争论点深入挖掘。这种先跳过讨论中遇到的阻碍的做法，类似于你在考试中遇到不会做的题时，先跳过去，把会做的先做了。

经理人对现场的判断，比如争论点的重要程度、剩余时间的分配等所起的作用是非常大的。具体来说，经理人推进流程时的常用语如下：

"我想这是大家最想搞明白的争论点，让我们在这里暂时先做一个假设，然后继续前进吧。"

"还剩几分钟了，让我们以后再考虑这个问题吧。"

"我们在这里已经讨论得足够深入了，让我们转到下一个问题吧。"

不过，面试选拔中的小组讨论对时间的限制是非常严格的，现实地说，跳过几乎就等同于已经放弃了这个争论点。

经理人的工作还有要温和地制止那些与争论点无关的发言、单纯的感想或者是起哄般的无纪律发言，以便于让项目能够按部就班地进行。例如，如果一个"吉祥物"（见第126页）提出了一个与考题完全不相关的争论点，那么经理人委婉地提醒他，并把话题拉回来是非常重要的。比如，"确实，你说得很对，但我们正在讨论这个争论点、你的观点我们等一下再讨论。"从这个意义上来说，经理人的作用就像是幼儿园老师或小学老师，要提醒调皮的孩子不要在课堂上私下说话，并让他们重新认真听课一样。

就真实职场中的会议或社区集会而言，有必要从头对讨论环境进行设计，并实际地运营，这也是经理人的任务。从这方面来说，你也可以称他们为组织者或干事。如果是面试选拔中的小组讨论，其形式是预先已经确定的，即由随机组合的成员在限定的时间内一次性讨论一个即兴的主题。但在实践中，对于一般的会议或社区集会来说，需要提前设定参与者、讨论次数、时间限制和主题等各种参数。举一个浅显易懂的例子，有的婚礼派对会组织抽奖或有奖猜谜的活动，而经理人作为婚礼派对的组织者，会在与客户即新娘和新郎协商后，决定相应的参数。

建立共识

条件一"争取在时间限制下达成共识"中的"争取达成共识"背后的现实是，考生原本就有着不同的价值观和思维方式，这往往导致意见冲突，难以达成一致。这意味着，当讨论的生产活动陷入僵局时，需要有人发挥作用，明确各方意见之间存在的分歧，找到折中方案或提出新的第三方案。

经理人往往会公事公办，忠于在一开始就确定的既定议题和时间表，自上而下地管理讨论。换句话说，经理人的决策理念是：由于时间有限，当意见出现冲突时，或使用自己的权限做出决定，或把决定权交给主持人，或建议抽签。当然，在一个有最终决策权和责任等级制度的公司组织中，由作为上级的经理做出决定本身就是合理的。

另一方面，在小组讨论中，当出现意见冲突时，不需要急着阻止冲突，导致仓促的妥协或下结论，而是要将其升华，达成更令人满意的共识。由于在小组讨论中，所有的考生在发言权上都是平等的，因此一个人意见的被采纳与否，是由讨论而非权威来决定的。正所谓"两雄不并立，一山不容二虎"，当出现一个以上个性特别强、非常有实力的辩论者时，往往会发生意见冲突。而协调员的作用，就是在讨论出现这种分歧时，负责调解争端。协调员进行协调的基本前提是，不能提议让少数服从多数。少数服从多数是经理人最后的手段，当时间限制快到了，但必须要得出某种结论时，只能用这一方法终止审议并进行强制表决。尤其是在面试选拔中的小组讨论里，要严格禁止少数服从多数，这是因为相较于小组讨论的成果，考官往往更看重讨论过程本身。所以，通过坚持不懈的讨论达成共识是很重要的。

如果继续探讨解决冲突的方法论，就会涉及谈判学。所以我在这里只简单介绍一个有效的框架，它分为分配、交换和创造三个方法。

第一种方法是分配，即在某处找到一个折中点。打个比方的话，这就像是在继承遗产时，如何令人信服地分配被继承人的土地或财产这块有限的蛋糕。

在一般的分配方法中，让双方达成一致的常见方式是"由一方提供选项，让另一方做决定"。一个经典的例子是，两个人平分一个蛋糕时，最公平的方法是由一个人用刀将蛋糕切成两块，然后让另一个人先挑选。如果前一个人把蛋糕切得一大一小，那么大的那块就会被另一个人拿走，所以这就促使前一个人必须将蛋糕准确地分成两等份。还有类似的例子是，有个同事即将退休，在确定举办送别会的餐厅时，组织者会给出几个选项，然后让这个同事从中选一个。这样一来，退休的同事和组织者的喜好就可以得到调和，至少双方都会比较满意。

例如，对于"如何增加到东京观光的外国游客数量"这个问题，就有很多互相冲突的意见，比如有人主张，应该开发东南亚国家如泰国、印度尼西亚等具有潜力的旅游市场，而有的人主张，应该深入开发韩国、中国等已经成熟的旅游市场。在这种情况下，可以用分配的理念得出小组讨论的结论，比如结合双方的观点得出联合成果，如"同时开发泰国和中国市场"；或简单地取双方共识中的"最大公约数"，如"开发整个东亚市场"。当小组讨论发生争吵时，为了给双方留点面子，往往会采取这种方法。这可能相当于乍一看满满都是冲突性政策的日本政党竞选宣言，或者是接近于日本政府达成的某些"在总体上赞同，但在具体问题上反对"的初步协议，例如"我们达成了在未来五年减少政府开支的共识"。

通过放宽政策执行的时间和空间尺度来实现妥协的方法，也包括在这个范畴中分阶段实施，比如日本的消费税不是一下子从5%提高到10%，而是先采用8%的折中段位；或者分部分实施，比如先在一部分日本国家战略特区实行企业减税，等等。

接下来的方法是交换，即明确争论双方的优先顺序，优先级较高的争论点由我方来保有，而优先级较低的争论点则交给对方处理。如果分配是在单一问题上寻求妥协，那么交换则是在考虑双方在广泛问题上的优先顺序的前提下平衡双方的利益。

例如，在美日贸易谈判中，美国承诺减免日本汽车关税，以换取日本放宽美方农产品进入日本国内的政策。谈判内容不仅限于农产品贸易自由化这一轴心，也包括了汽车贸易的问题。

另外，比如在开会时，甲和乙两个人一直争论不休，协调员就可以在第一个问题上给甲让路，在下一个问题上为乙站台，这样的人情世故就相当于一种交换。通过策略上的平衡，来维持合作气氛也是协调员的作用。例如努力让某个人的最初被反对的提案，再一次回到讨论桌上；或者多向某个人抛出问题，征求他的意见。

在前面提到的"如何增加到东京观光的外国游客数量"的例子中，假设存在甲坚持"针对泰国游客，推出日本美食之旅"，乙坚持"针对中国游客，推出电子产品购物之旅"的分歧。这种情况下，协调员就可以提出一个"针对泰国游客,也推出电子产品购物之旅"的方案来打圆场。这是一种富有策略的方法,它将争论分成两个轴心,即目标和方法,目标采用甲的方案,方法采用乙的方案,这样就保全了双方的面子。还有许多其他的轴线划分方式,如对策的方向性采用甲的方案,对策的执行方法采用乙的方案,等等。但是,这也是一个政治谈判色彩很强的手段,因此可能很难适用于面试选拔中的小组讨论。

最后是**创造**,这是一种一次性解决双方利益冲突的理想方法。它融合并协调了双方的利益冲突,可以说是一个取"最小公倍数"的创意。创造是提出一个全新的解决方案,让两方实现双赢。要连续提出这样的方案是相当困难的,我先举一个著名电影中的例子。

案例:闷热的教室外正在施工

2001年上映的奥斯卡获奖影片《美丽心灵》中有这样一个片段:电影的主角、数学家纳什博士(1994年诺贝尔经济学奖获得者)在年轻的时候,某天正在教室里给学生们讲课。那是一个非常炎热的夏日,学生们都开着窗户听讲。不过,教室外面偏偏正在进行施工,因为这会让人分心,所以老师喊学生关上教室的窗户。但是学生们却抗议说:"天气太热了,就不能开着窗户吗?"于是,因为天气炎热而想开窗的学生和因为施工噪声而想关窗的教师之间,意见发生了冲突。就在这时,一位机智的女学生和窗外的建筑工人商量,让他们在学生上课期间先去其他地方施工,最后成功地获得了一个安静又凉爽的授课环境。这是一个在冲突之间进行权衡,用第三个方案解决问题的例子,令人印象非常深刻。

同样,以"如何增加到东京观光的外国游客数量"的问题为例,假设甲坚持推出"品尝日式料理的美食之旅",而乙坚持推出"参观东京寺庙的观光之旅",双方意见出现分歧。此时,协调员可以提出"在东京的寺庙品尝素斋的朝拜之旅"的方案,从中进行调和。

再比如,日本幕末时期的活动家、思想家坂本龙马,可以称得上是日本历史上著名的协调员，他曾"创造"了一个推翻幕府统治、建立新政府的新愿景，从而使曾是死敌的萨摩藩和长州藩结成了联盟。

正如我们所看到的，协调员要作为项目的经理人管理小组讨论的进度，负责小组讨论的实际设计和运作，还要站在冲突各方之间，调和他们的意见，引导他们达成共识。

助言者的作用

"助言者"将发言权分配给多个考生，通过与他们对话互动，带动考生发言，活跃现场气氛，起到抛砖引玉的作用，简单来说就是引出意见的人。

分配发言

从条件二"有多名参与者发表自己的看法"中的"多名参与者"可以看出，小组讨论需要"对发言进行分配"，让每个考生都有机会发言。就像在拥挤的路段，交通协管员会对人车进行疏导一样，小组讨论中的发言也需要由人进行引导。用足球比赛来打比方的话，分配发言就相当于把球传给那些想要球却拿不到球的队友。

这就是所谓的控场人，即主持人所履行的职能。本书中的主持人指的是给人们分配发言机会的、类似于交通协管员角色的人。在有几十个人参与讨论的情况下，如果没有一个主持人来主持会议，那就太草率了。当议会中数百名议员进行有争议的辩论时，很明显主席需要依次给每个议员分配发言权。在小学的班会中，学生只有在举手并被担任主持人的老师或班长提名后才能发言，而大学的许多讨论式教学中也会采用类似的制度。

在面试选拔中的小组讨论里，由于人数相对较少，所以实际上这一职位并不是必需的。因为当有人发言完毕后，其他人就会主动发言，并形成一种默契，以尽量避免沉默。所以，讨论在没有主持人的情况下也能顺利进行。这时，劝阻那些发言过多的人减少发言，或要求那些很少发言的人提供意见，就成了所有人的责任。

例如，在酒局上，自然没有主持人这个正式职位，但如果有人没说话，就需要有人带动他们发言，比如："对了，某某，最近那件事怎么样了？"

在搞笑综艺节目中，坐在台上的搞笑艺人会通过突然与不说话的邻座握手，起到主持人助理的作用，对节目作出贡献。这两个例子都是非正式的主持人在实际中履行了主持人的职责。

当一个人的地位高于其他参与者时，话题的"球"一般都是围绕这个主持人进行传递。比如，在大学里的一个小型研讨会中，老师身边坐着很多学生，由于老师的专业知识和经验远多于这些学生们，所以老师在担任主持人的时候，所有互动都会先通过老师，话题的"球"往往先集中到老师身上，再传出去（见下图）。不过，在小组讨论中，因为每个人在发言权方面是平等的，所以在人数比较少的情况下，就没必要设立主持人的职位。

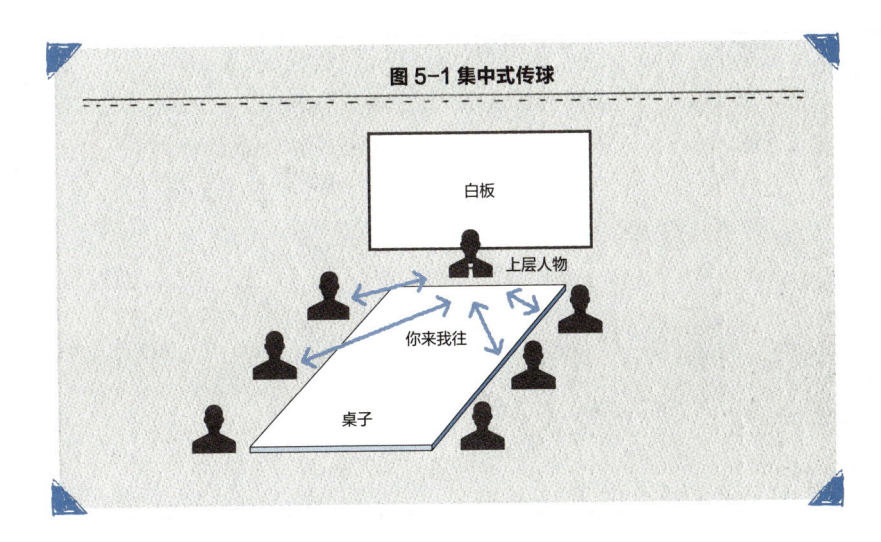

图 5-1 集中式传球

（白板、上层人物、你来我往、桌子）

在分配发言时需要注意的是，如果主持人抛出一个开放性的问题，比如"你是怎么想的"，而此时如果对方还没有做好发言准备，他们可能无法很好地回答，讨论也就无法获得进展。所以，最好能提出更有针对性的问题。如果死板地强迫所有人都一一发言，那么那些被点到名却还没准备好的人，心里会很不爽，所以一定要注意。许多人在没有准备好在会议上或在课堂上发言时，都会在内心祈祷："不要点到我。"如果站在对方的立场上思考，就可以更好地理解这一点。

主持人工作的一个重要部分是酌情总结并与大家分享。特别是在人数众多的情况下，有时候并不是所有人都能接收到每个人的发言。有些人可能因为距离太远而听不清，而有些人可能能听清，但却无法跟上讨论。

此时，主持人应该对发言或讨论的进展进行简短的口头总结，比如"谁说了什么"或"决定到什么程度了，现在在谈什么"，以便让每个人的认识能够"同步"。但是，如果只是机械地重复一遍原本的发言，那只是在浪费时间。因此，主持人应该用自己的话来转述和总结这些意见，而不是把发言复述一遍。主持人必须把自己当成讨论意见的备份者，有意识地倾听并消化每个人的发言。这时，抄写员应该在白板或纸上同步进行了记录，所以也可以用它们来说明问题。

让我们来想象一下学术研讨会上主持人的工作，会更容易让人理解。在研讨会上，主持人需要经常向发言者们提问，进行总结，并与在场的每个人包括观众分享发言者们高度个性化的发言，然后再次重复向发言者们提问。其中，总结的质量主要取决于主持人的能力。

主持人的难处在于，疏导发言的工作会占用其大脑的"内存"，导致难以对内容层面有更深的理解。这是一个多任务的角色，你必须在充分理解对方观点的同时思考自己要说什么，所以在内容层面本身的讨论中，视野很容易变得狭隘。如果你的工作仅仅停留在分配发言上，会显得没有自己的观点，所以你应该同时有意识地履行供给者的职责，在内容层面作出贡献。因为人们能够预料到当自己成为主持人时，精力往往会被分配发言所分散，在内容方面就说得比较少，所以当有些人发觉对于今天的考题，自己不可能在内容上有多大贡献时，就会逃到主持人的位置上。

在实际的小组讨论中，主持人的职能也高度依赖于人们对于小组讨论的认知。如果整个小组讨论是一个竞争游戏，或者主持人是一个坚定的竞争主义者，特别是如果主持人没有做到对内容的跟进，讨论就会只在少数人之间快速进行推进，而把其他人抛在后面。在这种情况下，其他人必须努力跟上，才能摆脱对主持人的依赖。

主持人的总结和分享的职能，虽然不属于讨论的范畴，却能对讨论起到帮助。有时大学教授会在讲课时承担这一职责，下面是一个例子。

案例：分享问题和答案

某大学教授因其春风化雨般的教学风格，颇受学生们的欢迎。在阶梯教室讲课时，如果有学生提出问题，他不会立即回答，而是往往先明确问题的意图，再将问题和自己的答案与大家分享，比如："现在他的问题是……。对此，我有两个答案……"其他教授往往会为提出问题的学生进行一对一的解答，但由于学生的问题不一定清楚易懂，因此在场的其他学生有时很难知道教授在回应什么。此外，那些愿意积极提问的学生喜欢坐在前排，所以由于距离的关系，其他学生经常会听不清楚问题本身，坐在后排的学生会感到被边缘化。而例子中的这位教授，将问答环节的信息同步给所有人，就避免了上述情况，也加深了学生们的集体感。

带动发言

从条件二"有多名参与者发表自己的看法"中的"发表自己的看法"可以看出，很明显，考生需要做出对讨论有实质意义的发言。一般说来，日本人不太习惯在公共场合发言，所以在面试选拔中的小组讨论、真实职场的会议和社区集会中，也确实存在很多无人发言的现象。造成这种情况的原因有很多，比如有人认为一旦发言就需要对发言内容负责，所以干脆就不说话；有人不知道自己说得对不对，故不敢妄下结论；还有的人干脆一开始就没想过该说什么。这时，"助言者"的作用就是带动每个人发言。

主持人的作用听起来像一个没有感情的发言权分配机器，而在现实中，主持人抛出一个发言权后，对方却不一定能反馈一个真正有条理的发言。所以这时，我们需要一个比主持人的职能更加优化的助言者，即通过提出恰当的问题引出意见的人。

助言者要有较高的情商，比如需要通过倾听和共情来理解他人想要表达的内容，以及根据自己的理解不断提出巧妙的引导。助言者还需要掌握察言观色的能力，也就是抓住考生无法用言语表达的非语言信息。由于篇幅和笔者的能力有限，没办法进行更详细的论述，所以我只做一些简单的介绍。

首先，如果以主持人的身份抛出问题，但对方未做出很好的回答，主持人就应该转换成助言者的身份继续牢牢跟进。这就像接抛球一样，如果对方没有接到球或把球扔到了一个奇怪的方向，你就要把它捡起来，再扔回去。也就是说，你要引导对方表达出本意，并让其融入情境中，具体方式如下：

"你的意思是……也就是说……"（换而言之）

"你为什么会这么想？"（理由）

这就像有一个安全网兜底，能保证无论说什么，有人总能接过去，这样每个人都能更加大胆地发言了。就好像在打棒球时，无论投手怎么扔，都有一个捕手能在那牢牢地接住球，那么投手就会更容易投出贴边球。一个助言者还需要有一定的气量，即使自己很难认同某些意见，也应该做到不掺杂个人情感地耐心听取。

的确，助言者不管什么"球"都能牢牢地接住并给出反应，在讨论中是很重要的。但矛盾的是，一般的会议，更强调助言者"能承受沉默"的素质。议题越是敏感，对方就越有可能在回答问题时感到不自在，常常陷入沉默。此时，如果助言者等得不耐烦，又接连问了第二个或第三个问题，对方可能会觉得自己在被审问，变得越来越无法回答，甚至可能会觉得助言者是在诱导自己的主张，从而对其产生戒备之心，完全封闭住自己的思想。所以一旦你将球抛出，球就到了对方手中，你可能需要耐心等待他们把球扔回来，而不是显得咄咄逼人。

不过，在面试选拔中的小组讨论里，因为小组讨论的时间相当短，并且没有利益冲突且互不认识的学生可以毫无顾忌地表达自己的意见，所以一般不需要助言者发挥带动发言和承受沉默的作用。至少在小组研究会上练习小组讨论时，大家都很活跃，根本不需要助言者。而如果出现了许多"怪人"中的"沉默者"（见第127页），讨论就需要积极寻求助言者这一角色了。

助言者的另一个作用是调节气氛，也就是通过开玩笑等方式来缓和气氛。幽默是一种润滑剂，可以使会上的发言更加顺畅。有时，助言者会故意装作无法理解的样子，来确认基本前提或提出看似愚蠢的问题。这样做，是为了降低发言的门槛，以达到带动发言的目的。即使在会议或课堂上，提出第一个问题也需要很大的勇气，但当有人提出一个不太正式的问题时，所有人就会更加放松，更有可能开口说话。

助言者应该作为一个主持人对发言进行疏导，并在相互交流中一起创造发言，从而为小组讨论提供发言的材料，起到发散思维的作用。

编辑的作用

编辑是记录所有考生的发言，与所有人分享，并通过解释和整合每个人的发言，汇编出一个最终成果的人，简单来说就是总结意见的人。

记录议程

那么，条件三"实时磨合意见"，又代表需要什么样的职能呢？从"实时"和"意见"来看，需要有人实时记录会议上频出的发言，并与大家分享，作为讨论的基础。这就是所谓抄写员的作用。

在面试选拔中的小组讨论里，应在大纸或白板上以大家都能看到的方式，记录和共享每个人的意见。实时进行讨论意味着信息是通过语音这种无形的媒介来交换的，所以必须将其转换到有形的媒介上，比如纸张或白板，也可以是电脑里的电子文档上。换句话说，编辑需要像录音机一样，认真听取每个人的意见，并对讨论的情况进行客观、切实的记录。

这种有形的记录，将作为会议纪要被保存下来，并成为证明会议合规的实物证据。例如，法庭案件的审判记录具有很强的效力，每个人的证词都被准确地记录下来，本身就具有法律约束力。在商业会议中，当会议很重要时，全程都会被录音笔记录下来，并记录在会议纪要中，作为证据证明决定是通过协商一致做出的。

像这样，真实职场中的会议，或议会、公审等公共会议，一般都需要有会议纪要，将所有人的发言，也就是"谁说了什么"详细记录在内，作为会议合理合法的证据。不过，在面试选拔中的小组讨论里，并不需要如此精确的会议纪要。只有当个人的意见有冲突时，才建议简要地整理出个人的不同意见。

此外，在白板或纸张上书写时，抄写员需要有一定的技术，才能让大家都能看清。在补习班做过兼职教师的人有特别的优势，但如果没有这方面的经验可能就需要一些培训。这里矛盾的是，没有经验就很难写好，写不好又很难有积累经验的机会。所以，即使只有两三个人在讨论，你也应往前面站，积极地使用白板。用工整易读的文字，将讨论进行详尽的记录和整理，能够让每个人都放心。字迹是否工整通常被认为是一个微不足道的问题，但在小型小组讨论中，抄写员和主持人经常由一个人担任，这种技能是最起码的社交礼仪，所以不应该被低估。

总结共识

条件三"实时磨合意见"中的"磨合"，指的是组织和整合发言中的前提、争论点、假设和信息，产出最终成果。为此，编辑仅仅是默不作声地在白板上记下发言内容是不够的，如果发言的意图或内容不明确，就有必要通过提问来澄清说话者的意图，并将即刻冒出的一句句发言，用一个便于大家理解的框架来展示。这是编辑的职责所在。

抄写员的工作是记录发言的内容，所以作用往往只相当于是一个录音笔或语音文字转换器。编辑是抄写员的升级版。编辑是塑造最终产出的人。他们以自己的理解为轴心，在必要时通过互动对话来解释和整合每个人的发言，相当于总结意见的人。

其所写下的内容，也必须从形式上的审议过程记录和个人发言的会议纪要进化到最终成果，也就是在内容层面对所有人达成的共识进行汇编。换句话说，抄写员的理念是保留小组讨论的过程，即"谁说了什么"，而编辑主要着眼于汇编小组讨论的结果，即决定了什么。

敏锐的读者可能已经注意到了，编辑的总结共识的工作，与硬性层面定位中观众的整理内容工作很相似。二者都对于整理能力有所要求，从这方面来说，编辑和观众确实有相似之处，但编辑主要是把现场抛出的"球"，一次次地扔进现有的"箱子(框架)"中，并对它们进行分类，观众则是为"箱子(框架)"本身的改造提供方案。打个比方，编辑的作用相当于每天整理房间，对环境进行改善，而观众的作用则相当于在更换家具等对环境进行大的改造方面，提供方案。

此外，编辑掌握着白板等讨论成果的基础，并可以自由地将"球"归类到现有的"箱子(框架)"中。而观众虽然可以对"箱子(框架)"的改造提出相当大胆的方案，但由于他们只是提出方案，所以必须获得集体通过，才能得到认可。

接下来，我就以第八章的主题"如何缓解迪士尼乐园的拥挤状况"为例，具体来比较一下编辑和观众的发言。

编辑的发言：

刚才香取提出了两个意见，但我认为它们都可以在木村的框架内得到解释：第一个在花车巡游期间进行半价促销的方案，消除的是木村提出的微观拥挤中的时间上的不均衡；第二个提高门票价格的方案，减少的是宏观拥挤中的需求。这也是稻垣刚才提到的。而草薙所提到的新加坡环球影城快速通行证的例子，也与微观拥挤中的空间上的不均衡有关。

中居的观点是，所有游客没能同步掌握等待时间的信息，导致了行动上的不均衡，我认为他的观点很有意思。这在白板的框架内，属于减少空间上的不均衡的范畴。

观众的发言：

我认为最后一个微观上的拥挤，还可以分为两类：有时间上的不均衡，即重点时间段的拥挤，如花车巡游、午餐、晚餐和回程购买纪念品的时间段；另外还有空间上的不均衡，即重点地段的拥挤，如热门游乐设施和女厕所等地。

嗯，总觉得这些话听起来很复杂。我认为简单地从"拥挤＝需求－供应"的角度进行概括性的思考，而不必使用宏观、微观这样的两级结构，问题会更清楚。

编辑的作用还在于要避免所有人都急着达成一致，导致小组讨论过早地结束。特别是在日本，人们在开会时，往往以"做出了决策"的状态结束会议。在实际工作中，编辑需要明确"做出了什么决策"，以明确的"谁、什么和何时"的"三件套"的形式留下"作业"，并通过电子邮件或其他方式发送给所有人。

如果编辑能够尽可能地采纳每个人的发言，并创建一个体现出每个人贡献的图表，那就最好了。这将为汇报人提供资料，使其能够在此基础上汇报讨论成果。另外，当一个人担任编辑的角色时，要负责编辑最终的讨论成果，因此可以不跟着其他考生的解释或行进方式走。例如，我的一些朋友主张，在面试选拔中的小组讨论里编辑是最有优势的，因为他们手里掌握着白板，更容易总结出最终的讨论成果，而且由于物理位置好，也更容易晋升为助言者或协调员。

然而，编辑的角色还有另外一面，那就是书写这项体力劳动会耽误说话的机会，限制发言的次数。

因此，编辑作为幕后的抄写员，客观地记录发言的同时，也要积极主动地加入讨论中，并以自己的编辑方针汇编最终的讨论成果，从而让小组讨论的发言向中心收束。

三个软性层面定位的工作模式

控场人的三个职位的曝光度高，需仰仗与人交涉的核心能力，从这个意义上来说，它们都是高风险、高回报的角色。特别是在现实社会中，协调员是一个非常辛苦的工作。举个极端的例子，现实中，在发生武装冲突的地区，负责解除武装的协调员是非常危险的，如果调解不力，反而会激化冲突双方的矛盾。要介入到对立的双方之间，需要有大公无私的精神，愿意牺牲自我来为社会服务。

一般来说，控场人的门槛很高，因为无论是协调员、助言者还是编辑，工作的大前提都是能理解每个人的主张，并完全跟得上讨论。此外，在面试选拔中的小组讨论里，从空间上看，站在白板前的人曝光度很高，所以个人的能力更容易显现出来。顺便说一下，求职者之间经常流传一些找工作的玄学，比如"如果担任主持人，就会顺利拿到录取通知"或"如果担任主持人，就会面试失败、求职被拒",但这两种情况都只是单独强调控场人的高回报或高风险的极端情况而已。你应该根据你与现场考题的适配性、其他成员的能力和当天的实际情况,来决定是否承担控场人的角色。

同样需要注意的是,曝光度高的控场人的态度对现场的士气和气氛有很大的影响,如果在讨论过程中控场人的情绪明显低落,或者在最坏的情况下,他对争论不休的辩论者感到厌烦,逃到了讨论之外,现场讨论的效率就会受到很大影响。另一方面,极度雄心勃勃或咄咄逼人也会给现场带来不必要的压力,妨碍讨论的创造性和流畅度。所以如果你担任了控场人中的一个角色,就应该尽力抑制住自己情绪的起伏。

到目前为止,与第四章中的硬性层面的定位相呼应,我从小组讨论的三个条件出发,对软性层面的定位进行了分类。虽然这些确实是集体智识生产所固有的要素,但事实上,当我们独自工作或学习时,或者要做出人生中的重大决定时,会不自觉地一人分饰三角,即同时扮演协调员、助言者和编辑三个角色。

例如,假设一个女性同时被艾伦和鲍勃两个人追求,不知道该和谁交往。在这种情况下,她的内心住着一个喜欢艾伦的甲和一个喜欢鲍勃的乙,甲和乙之间进行了一场小组讨论会议。这时候,她的内心还会出现一个助言者,想首先引出双方的主张。换句话说,这位女性通过自问自答,在手边的纸上写下了自己的想法。通过这样做,来仔细地分析艾伦和鲍勃的社会地位和男性吸引力,以及自己为什么会喜欢他们。大致道出了心中的想法后,她内心的第三方编辑,将再次以容易理解的方式总结出自己思考的结果。最后,她心中的协调员,在甲和乙之间进行协调,做出最终决定。在某种程度上,自己内心的协调员就是冲突的调解人。

像这样,当一个人做出决定时,在自己的头脑和心里,往往有多个自我实际地展开了一次小组讨论。这种情况不仅出现在这个例子中,也出现在任何大大小小的决策过程中,比如想做哪份工作、是否搬家、是否出国留学,等等。类似这些时候,我们会不自觉地代入协调员、助言者和编辑的角色,来指导自己做出决策。

在以上内容中,我基于小组讨论的三个条件,对协调发言的角色,即软性层面的定位,分别进行了说明。我还想再强调一遍,这些概念并不局限于面试选拔中的小组讨论，而是普遍适用于各种集体沟通的场景，因此可以与第四章中的硬性层面的定位的框架结合起来使用，作为把握现场沟通情况的一个标准。

Chapter 6 集体智识生产的机制

在第四章和第五章中，我分别介绍了考生在硬性层面和软性层面提供价值的方法，在第六章中，我将对这相辅相成的两种价值主张如何创造最终成果，也就是集体智识生产的机制，进行深入的探讨。换句话说，我将研究当来自不同领域的考生一起工作以产出成果时，是如何进行合作的。

合作的结构

小组讨论是大家一起将每个参与者的意见组合起来的过程。为了方便起见，我将把对最终成果有贡献意义的发言称为内容，它也可以被叫作发言的素材。正如我在第四章所解释的，这里的内容是一个广泛的概念，包括所有的硬性层面的价值，如提供的前提、争论点、观点、信息、整理和评价。

与讨论成果没有直接关系的发言，也就是分配发言、整合对立的意见或要求发言者再次解释等协调员、助言者和编辑类型的软性层面的发言，在此不算作内容。

小组讨论可以分为两个阶段：由个人创造内容的个人阶段，以及大家一起组织和评价内容的小组阶段。所有考生在聆听他人的内容时，也要构建自己的内容。这意味着，因为必须兼顾两个阶段，所以考生必须始终将自己的意识一分为二，同时在两个阶段之间反复往来。

下面我用一个图来进行说明。我们可以把小组讨论想象成一个建筑项目，所有人必须在规定的时间内搭建一个类似城堡的建筑。

图 6-1 合作示意图

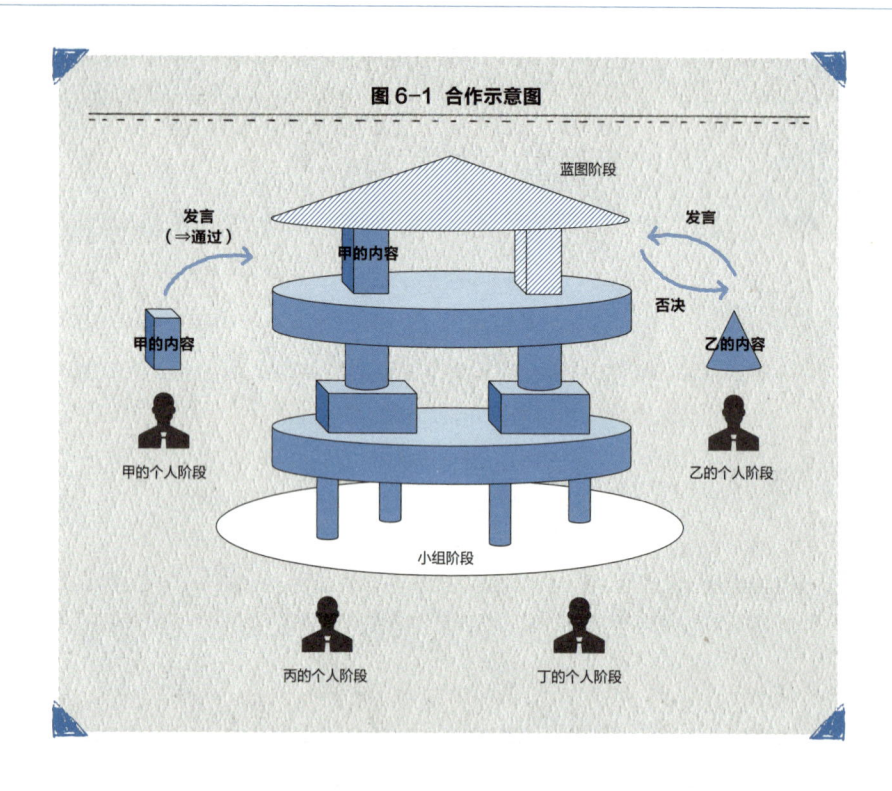

- 蓝图阶段
- 发言（⇒通过）
- 甲的内容
- 否决
- 发言
- 甲的内容
- 乙的内容
- 甲的个人阶段
- 乙的个人阶段
- 小组阶段
- 丙的个人阶段
- 丁的个人阶段

建造一座城堡需要蓝图和材料，那么在小组讨论中，前提和争论点的组合就相当于蓝图，而假说和信息的组合就相当于材料。蓝图对于什么地方需要什么材料做出了规定。引导员设计了这个蓝图，供给者提供了材料，而观众则在搭建过程中负责监理的工作，比如整理、订正（"吐槽"）等。

表 6-1 三种硬性定位和内容之间的对应关系

角色	提供的价值	形象	
引导员"问题创造者"	确认前提	蓝图	内容
	设置议题		
供给者"问题回答者"	提出假说	材料	
	提供信息		
观众"答案修订者"	整理内容	监理	
	评价内容		

让我们思考一下，每一个阶段将进行哪些活动。

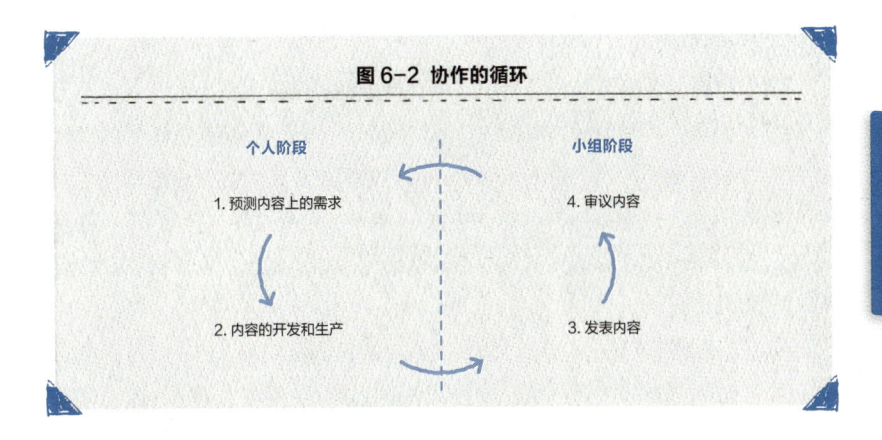

图 6-2 协作的循环

个人阶段
1. 预测内容上的需求
2. 内容的开发和生产

小组阶段
4. 审议内容
3. 发表内容

个人阶段的活动

因为这是一个在个人心中或手头的纸上进行的活动，所以只有考生自己能观察得到。事实上，考生甚至往往不明白自己在进行什么样的活动。不过，如果仔细注意观察自己的行为，就会发现自己主要在从事两项活动：预测内容上的需求、内容的开发和生产。

预测内容上的需求

这是在幕后进行的需求预测，要敏锐地感知并预测目前有哪些内容上的需求，以及讨论现场需要什么样的发言。

如果把小组讨论比作足球比赛，这就相当于球员没有带球，而是随着比赛的进程在无球跑动。在一场90分钟的足球比赛中，球员每次带球的时间为1至2分钟，最多不超过3分钟。当然，剩下的时间里，你不能无所事事地站在那里，而是要随着整个比赛的流程跑动，盯着带球的球员，根据比赛情况做出灵活的反应，为比赛作出自己的贡献，这在小组讨论中就是要提供内容。据说一流的球员，应该在最适合的时机，出现在最适合的地方。当球正好来到你面前时，你已经做好了充分的准备。

那么，为了把握住需求，你必须倾听和理解其他考生提供的内容。如果是重要的内容（素材），可能需要你在纸上记下所理解的内容。有些人把自己的内容说出来后就觉得足够了,于是中断了思考,这是不应该的。你在"场上"除去自己"带球"的时间,也就是说话的时间外,剩下的基本上都应是听和思考的时间。

我们可以参考搞笑综艺节目中,坐在台上的搞笑艺人的态度。搞笑艺人们会想尽办法在有限的录影时间内,不时地插入一两句不会被剪辑掉的机智的发言。你永远不知道主持人何时会询问你的意见,或者你旁边的搞笑艺人何时会捉弄你,或者是你自己的"包袱"(笑料)是否直接"抖响了"。可以想象,进入录制现场后搞笑艺人的神经就已经紧绷了起来,以便可以在恰当的时机释放出段子。

如果你觉得难以跟上讨论,插不上话,换句话说,如果你完全搞不懂需求,无法进入开发和生产活动,你可以向正在谈论内容的人提问,向他询问自己的理解是否正确,或者通过"吐槽"来提供一个新的视角。如果讨论进行得太快,通过提问,可以让讨论的节奏放缓,周围那些跟不上的人也会感激你。这和在节奏很快的课堂上,其他学生提出的问题也会帮到你是一样的道理。这是因为,如果一个问题连水平中等的学生都不理解,就表示还有很多潜在的人也不理解。

内容的开发和生产

了解了现场需要什么内容后,下一步就可以进入内容的开发和生产阶段了。也就是准备发言材料的过程。正如我之前所说的,在对成果提供价值方面,考生可以有三种选择:作为引导员确认前提和设置议题,作为供给者提出假说和提供信息,以及作为观众整理内容和评价内容。通过这些工作,开发和生产出最适合的内容。

在实践中,内容可能是受到其他考生的启发,在一瞬间完成的;也可能是在经过深思熟虑并整理成笔记后才完成的。这类似于,我们打电话的习惯,可以分成两种类型:一种是在打电话前,只在脑子里粗略地过一遍要点,然后在与对方的谈话中灵活应对;另一种是在打电话前,已经仔细写下要说的话。在面试中,有时只需记住一些表达的要点,然后在现场灵活应对,而在其他情况下,最好是提前准备好要表达的详细内容,甚至提前设想可能会被问到的问题,仔细准备相应的问答集。

另外,在大学课堂或公司面试中,老师或面试官都喜欢问学生或面试者:"你们有什么问题吗?"在这个时候,如果没有人提出问题,说明争论点的内容没有被开发或生产出来,也没有库存。人们常说,在听别人说话时,也应该思考你要问的问题,这就是指一边倾听,一边开发和生产争论点内容的行为。此外,在课前预习或会议的准备过程(包括提前阅读材料、创造问题等)中,也需要开发和生产争论点的内容,以激发讨论。

这也适用于日常对话。如果对话难以进行,就意味着双方无法开发和生产能够成为共同话题的争论点内容。尤其是销售人员,据说他们会在拜访客户前,先阅读对方在社交平台上发的帖子,以充分了解对方,从而为谈话准备素材,这也是一种提前建立议题内容库存的方式。

内容主要是通过讨论实时产生的,但也可以提前准备。例如,在面试选拔小组讨论的最初阶段,考官往往会给考生几分钟的准备时间。就真实职场的会议或学习小组而言,这相当于提前准备阶段,即每个人专注于独立开发和生产内容的时间。在这段时间里,是否能够提出独特的争论点并建立起内容库存,将对你在当天的发挥产生影响。会议对于讨论内容的需求一直在变化,所以你所创造的库存,很容易无法对讨论起到实际作用,但如果你能在这里制造一些"建造城堡的蓝图和材料",你的内容被作为第一版方案的概率就会增加。这是因为,将完成度高的考生提供的内容作为平台,让大家在此基础上进行改进和完善,是一种更高效的生产方式。

例如,在人数比较少的大学研究小组中,往往会有对讲话者准备的内容进行提问或讨论的环节。在职场会议中,也会有汇报人先发表已经准备好的内容的情况。这或许可以佐证,如果有可作第一版方案的内容,讨论会更有效率。因此,在小组讨论的准备阶段,考官即希望考生在独立思考的时间内能创造出有可能作为第一版方案的内容。

小组阶段的活动

个人阶段是小组讨论的私人阶段,由于它在考生的头脑中或手头的纸张上展开,不容易被看到。而接下来的小组阶段是考生之间互相碰撞内容(观点），展开讨论的舞台，可以说是小组讨论的公开阶段[1]。仔细分析后可以发现，这里的活动也可分为两类：发表内容和审议内容。

发表内容

首先是将开发和生产的内容，切实地在讨论现场进行发表，抓住机会与大家分享意见。

但内容的发表要着眼于蓝图，其关键在于，要遵循准确的需求预测，发表最符合现场需求的内容。小组讨论没有固定的模板，需求会随着时间的推移而变化。这意味着基于需求预测而创建的内容，有可能因为被其他考生抢先提出，或是争论点的改变，而在发表时已经变得过时。库存内容一旦在不需要的情况下提出，发言就会变成答非所问。因此，往往会出现这样的情况：你在最初的个人思考时间里制造了一些库存，结果在现场讨论的流程中根本用不上。但随着讨论的推进，需求可能会再次发生变化，库存也有可能能被重新利用。重要的是，要在需求预测、开发和生产以及发表的过程中，在最短的筹备周期内灵活地周转，而不是一味地依赖库存。用生产管理术语来说，这就是"准时制生产方式"，又称作无库存生产方式，即在必要的时候，根据现场所需的内容和数量进行生产。

审议内容

小组讨论中，所有考生都有权在平等的基础上发表内容，并接受所有人的审议。考生对他人提出的内容，大致会发表三种意见：支持、反对或中立。

支持可以通过实际的话语来表达，如"没错，你说得很对"，也可以通过点头或者眼神接触等支持性的非语言交流来表达内心的认可。如果没有人说什么，那么即使沉默中包含"反对"或"中立"的情绪，小组讨论往往也会以提供的内容为基础，自然而然地进行下去。

---

[1] 从根本上来说，集体智识生产包括两个阶段：个人的智识生产阶段和集体对该成品的决策阶段。在小组阶段，即台前的集体决策阶段，我使用了政治术语审议，这让人联想到议会中对一项法案的审议。另一方面，在个人阶段，也就是幕后的个人智识生产阶段，我使用了需求预测、开发和生产等经营管理术语。

相反地，反对意见应该明确地用语言表达。发表反对意见就相当于观众在评价内容，理想情况下，它应该以"反对意见+理由+对策"的内容形式呈现。

在现实中，支持和反对这两极之间并不是泾渭分明的，也有可能是部分支持或部分反对。在这种情况下形成的结构是：观众通过评价内容进行"吐槽"，并对内容提出修改或改进的建议。

中立是一种自己无法做出判断而持的观望态度。因为单纯地表示"我不能做出判断"在讨论中毫无意义，所以有的人会不可避免地选择沉默。有时候，中立几乎代表着默认的赞成；而在有些情况下，也有人觉得有异议，想表示反对但又无法跟上内容的开发和生产，所以选择静观其变，暂时采取中立的立场。

所有考生发表了意见之后，就会进行表决产出最终的集体决策。虽然不是严格意义上的少数服从多数，但基本原则是，除非有明确的反对票，否则决议就将通过。与考生发表意见相对应，集体决策也可以分为三个方向：通过、否决和保留。

通过是指所有人认可提出的内容成为最终的产出。这意味着考生们的发言已经被采纳，"城堡"的建设也向前迈进了一步。在实际工作中，抄写员会将获得通过的共识整合在白板或纸上，与所有人共享。也就是说，内容被整合到了讨论成果中。如此一来"城堡"的形状也就发生了变化，随之对内容就有了新的需求，这将让讨论回到个人阶段的需求预测部分。

需要注意的是，在真实职场中，如果没有人提出明确赞成或反对意见，就当作全体赞成，视为通过，那么决议结果会因为没有得到大家的积极认同，而不会被执行。没有人愿意为了一个并不反对，但也不十分热衷的决定，而实际行动起来并付出努力的。所以在实践中，我们可以看到"通过"和"视为通过"之间是有很大区别的。

否决是指提出的内容未能影响到最终的产出，而将其废止。在这种情况下，考生的发言被否决，对"城堡"的形状不会造成什么影响。辩论的攻防过程很有戏剧性，很刺激，对参与者来说也很有意思，但应该注意的是，如果提案被接连否决，那么"城堡"的建设就不会有进展。

然而，在实际的讨论中，决策并不会简单地归于通过和否决两个极端，而是往往会根据观众的"吐槽"，经过部分修正后再通过，即实行修正通过。

保留是指各方对发表内容的意见出现分歧，或者正反两方提出的意见的冲突越来越大，无法达成共识。由于小组讨论的时间有限，这时必须暂停该项审议，然后转到下一个内容的审议上。当然，在这种情况下，"城堡"的形状不会受到影响。但是，如果有更多的时间，仍有将原来的争论点再次提上来，进行重新审议的可能。然而在大多数情况下，当然也包括面试选拔中的小组讨论，由于时间限制比较严格，保留的内容不再有机会被重新审议，是更为现实的情况。

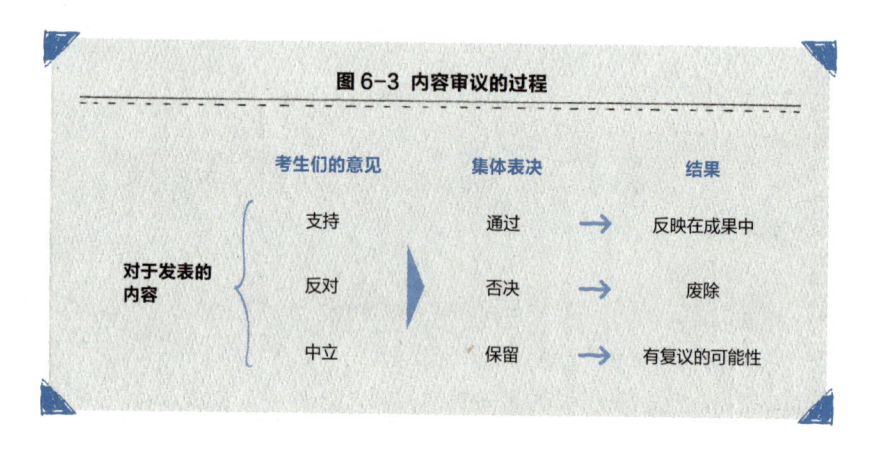

图6-3 内容审议的过程

对于发表的内容	考生们的意见	集体表决	结果
	支持	通过 →	反映在成果中
	反对	否决 →	废除
	中立	保留 →	有复议的可能性

重要的是，个人阶段和小组阶段应该是同时进行的。在小组讨论中，除了沉默时间以外，任何时候都有人在说话。说话的人在小组阶段展示，而与此同时，其他考生也在个人阶段倾听和理解这个人所说的话，把握讨论的流程（需求预测），并思考下一步该说什么内容（开发和生产）。

经验丰富的综艺节目主持人或善于交谈的人，在听别人说话的时候，脑海中会同时出现几个问题，以便接下来能够提出符合对方话题的问题。他们在说话时，还会注意对方的表情，然后对自己所要说的"吐槽"稍做调整，例如"没想到这样也可以"或"这部分剪掉吧"。换句话说，一个具有高度协作能力的人，可以在这两个阶段之间自由往来。

在本章的最后，为了便于整理思路，我把第四、五和六章中出现的框架总结成了一个图。

图 6-4 合作成果的进化

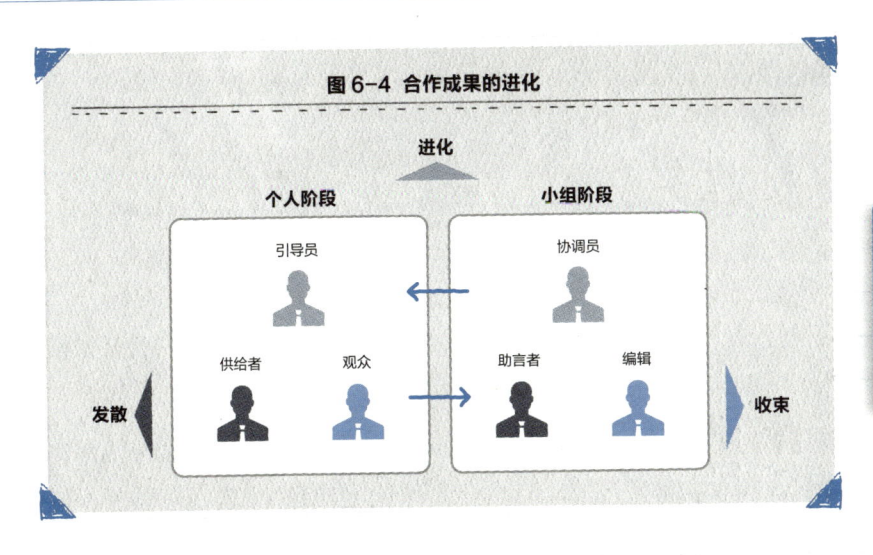

个人阶段 → 小组阶段（进化）

个人阶段：引导员、供给者、观众（发散）
小组阶段：协调员、助言者、编辑（收束）

首先，合作分为个人阶段和小组阶段，考生遵循自己的硬性层面和软性层面的定位，进行活动。

在个人阶段的需求预测、开发和生产的过程中，考生活动的重心在于创造什么样的产品（内容），即如何把引导员、供给者和观众在内容层面的价值主张编织在一起，以创造可交付成果。另一方面，在小组阶段，活动的重心在于协调员、助言者和编辑选择和磨合其他考生的内容，一边输出协调层面的价值，一边对发言进行协调。各个阶段之间的循环是这样的：通过倾听小组阶段的审议，开始在个人阶段进行需求预测；通过陈述开发和生产的内容，在小组阶段进行内容发表。

在这里，在硬性层面和软性层面的各个定位中，供给者和助言者具有发散思维的作用，而观众和编辑具有收束中心的作用。引导员和协调员的作用是整合和控制这两方面，同时引导讨论向进化出可交付成果的方向发展。这样，合作成果进化的结构就像一个螺旋状的楼梯，在两个阶段重复着硬性层面和软性层面的发散和收束的过程，并实现进化上升。

Chapter 7 讨论中的力量平衡

第七章的主题是小组讨论中动态的具有戏剧性的元素，这在前文中还没有涉及。在小组讨论中，集体的意见会出现分歧，也会形成统一。另外，讨论还会在集权状态（由特定的考生掌握主导权）和分权状态（考生拥有均衡的发言权）之间循环。当然，一个在前期阶段很活跃的考生，可能会在结束时状态呈现衰减之势；而一个在前期阶段很安静的考生，也可能会在结束时状态振作起来。在第七章中，我们将以"讨论中的力量平衡"为题，研究小组讨论中形成的力量结构。

什么是力量的平衡？

对于各种讨论，有时我们会产生诸如"今天的意见有分歧，没有达成统一"或"那家伙一个人就控制了全场"的感想。我将这种小组讨论趋势和动态的要素，称为"**力量的平衡**"。那么我们应该如何看待小组讨论中的力量平衡呢？

笔者认为，可以从"**路线方向**"和"**贡献份额**"两个方面，将小组讨论的力量平衡分成4个类型，如下页的矩阵图所示。

图 7-1 力量平衡的四种类型

	贡献份额	
	分散	集中
趋同	理想的小组讨论的平衡点	搭便车状态
分歧	混乱	独裁统治

（左侧纵轴标注：**路线方向**）

路线方向衡量的是每个考生意见的内容，即所谓路线的亲和性。这里的"路线"可以看作是发言内容的同义词（见第69页）。如果路线是趋同的，就说明所有人的意见达成了一致，而如果路线是有分歧的，就说明所有人的意见没有达成统一。换句话说，它是一个表现考生意见统一程度的坐标轴。

与之相对的，贡献份额衡量的是一个考生对讨论作出了多少贡献。请注意，如第二章所述，这里的贡献度用"发言质量 × 发言数量"来计算。

换句话说，如果份额是分散的，就说明每个人的贡献是平等的，而且处于一种势均力敌的状态，很难说谁的贡献更大；而如果份额是集中的，就说明几个特定的人或某一个人是贡献的主力。从经济学的角度来看，这就相当于贡献度市场是处于所有考生都公平竞争的状态，还是处于由少数强势考生寡占或独占的状态。

考生在小组讨论中贡献程度的大小，与其影响力直接相关。如果从政治学中力量平衡的角度来看，可以分为单极结构，类似于历史上的罗马帝国和蒙古帝国；两极结构，类似于日本的源平时代或现代的冷战时期；权力制衡结构，类似于日本的战国时期；当然这也类似于政党政治中的"一党专政""两党制"或"多党制"。

上面可能一不小心说得有点复杂，如果简单一点说就是，用这两条"趋同或分歧"和"集中或分散"的轴线，可以将讨论分为四种力量平衡的状态：理想的小组讨论的"平衡点""混乱""搭便车状态""独裁统治"。

理想的小组讨论的平衡点

首先让我们来看左上角的方块，即"理想的小组讨论的平衡点"，这是一个每个人的贡献比例相同，每个人的观点都趋于一致的状态，是理想的小组讨论的最终目标，即不同考生的不同意见都被切实地纳入到可交付的成果中，汇聚到一起并达成共识。很少有讨论从一开始就能达到这种状态，事实上，如果意见从一开始就趋于一致，那就没有讨论的必要了，所以可以说它是其他状态发展的终点。

接下来，我就对其他三种状态分别进行说明，应该说，大多数小组讨论都是以这三种状态中的某一种为开端的。

混乱

现在让我们来看左下方的方格，也就是"混乱"。这是一种贡献份额分散、路线方向有分歧的情况，即每个人的贡献程度相同，但意见却存在分歧。你可以把它想象为每个人都是想说什么就说什么，结果让讨论处于混乱的状态。大家都在表达自己的想法，讨论也很热烈，但讨论仍处于尚未达成协议的阶段。

一般来说，小组讨论中最棘手的就是这种混乱的状态，其局面是最难控制的，大多数面试选拔中的小组讨论的开局都是这样的状态。因此，让我们来更详细地探讨一下这个问题。我认为，如果将小组讨论比喻为要达成最终共识的航海之旅，那么混乱可以进一步细分为以下三种类型。

搁浅

这种情况是，讨论顺利进行到一半，突然在某个争论点上产生了冲突或者发生了混乱，导致讨论停滞。在现实世界中，有很多这样的例子，比如国际协议的谈判在一个难度很高的问题上陷入僵局，还没有发表联合声明，时间就已经截止了。或者在执政党与在野党之间的攻防战中，由于在野党（反对党）的持续反对，而耗尽了会议的时间。即使在小组会议的场合，也经常出现无法达成协议的情况，不得不择机重新召开会议，或者一方被迫做出个别调整。

在面试选拔中的小组讨论里，也有一些遗憾的例子，比如对于"预估某洗发水的国内市场容量，然后在20分钟内想出将其翻倍的办法"的考题，尽管题目中给出了费米估算和战略规划这两套方案，但仅仅是在作为开胃菜的费米估算阶段，考生就争论了起来，小组讨论最终只能在混乱中结束。

漂流

这种情况是，虽然讨论中提出了一个个的争论点，也在达成共识后继续向前推进，但由于争论点原本就是有歧义的，或是没有明确定论的，或者对已经有定论的争论点又重新讨论，结果最终成果的价值并没有得到提升。有时候，前提本身就有歧义，或者组员们在讨论过程中发现讨论的逻辑性不强，而不得不重新进行讨论，如此低效，很大程度会降低交付成果的价值。

沉没

这种情况是，大家从一开始就没有努力达成共识的意愿，导致最后"谈崩了"。在这种情况下，每个人都不听对方的意见，只是各自一味地表达自己的观点，或者即使有人提出一个争论点框架作为共同的基石，也会被无视，场面就像宴会一样混乱。不过，即使你处于这种情况下，也不要放弃讨论，这是非常重要的。

无论哪种情况，关键是要在发现讨论有混乱的迹象时，无论如何都要回到设定的争论点上，即现在应该考虑什么。这时，你应该集中精力达成共识，建立小组讨论的形式上的总体框架，并推动讨论向前发展。在面试选拔中的小组讨论里，面试官可能会被考生的这种在绝境中拼命创造秩序和寻找出路的精神所打动，并在途中伸出援手。

通过小组讨论的"混乱情况下小组讨论进展图"，可以反映出这三种混乱情况大致的形态。其中，纵轴为讨论成果的累积价值，横轴为时间。

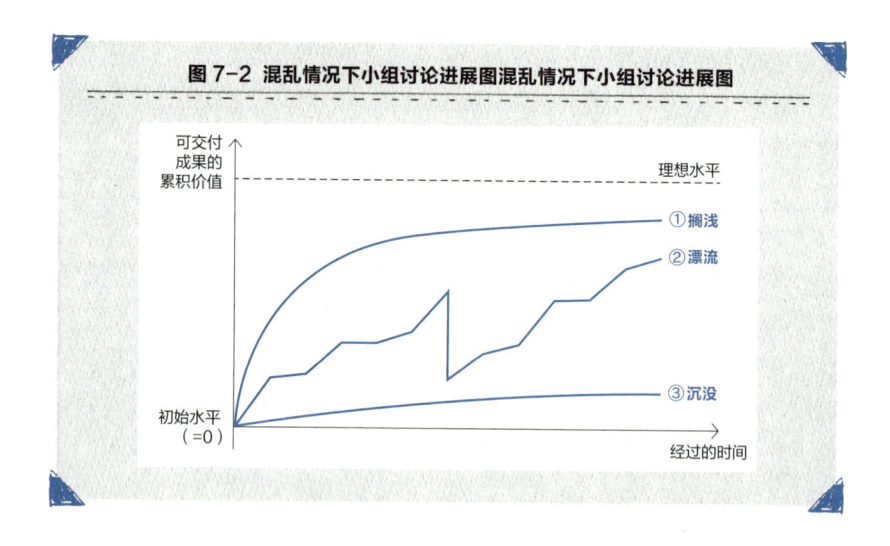

图 7-2 混乱情况下小组讨论进展图混乱情况下小组讨论进展图

图中纵轴为"可交付成果的累积价值",从"初始水平(=0)"到"理想水平";横轴为"经过的时间"。图中显示三条曲线:① 搁浅、② 漂流、③ 沉没。

第一种"搁浅",是指可交付成果的质量起初随时间稳定发展,但后来完全停滞;第二种"漂流",是指可交付成果的价值提升缓慢,时而发展时而停滞,有时还会遇到重大挫折而下降;第三种"沉没",是指可交付成果的质量从头到尾几乎没有改善,一直处于低水平。当然,像这样画出线状图的方法有无数种。在混乱的漩涡中,人们很容易陷入眼前的论战,但如果我们能从"如何让价值随时间的推移而提升"的角度来把握小组讨论,可能就能从一个全面的视角来俯视讨论的进展。

搭便车状态

第 79 页矩阵图中右上方的方块是"搭便车状态"。这是一种意见趋同,而贡献度集中的情况,也就是说,小组讨论的运行取决于一个或几个特定的考生。一个典型的情况是,大多数人都因为没有意见而变成"沉默者"(见第 127 页),或是不加批判地同意那些少数几个"演说家"(见第 123 页)的意见,只是在一旁搭便车。

在许多真实职场的会议和各种社区会议中,这种情况经常见到。一般来说,大部分日本人的特点是在公共场合不太自信。也许正因为如此,大多数人往往在会议上不会发言,而是依靠几个有责任感的人去推动会议。在大学的讲座和研究小组中,也经常出现特定的几个人(通常是喜欢发言的留学生)

提出问题或发言，而其他学生在旁边搭便车的情况。

如果遇到这种情况，就必须动用你超越自身的能力，充当引导员或供给者推动讨论，或充当助言者带动"沉默者"发言。这可能是一项非常费力的工作，因为小组讨论的最终成果取决于你的能力，但这也能真正考验一个人的协作能力。

独裁统治

最后，当所有人的意见都有分歧，但贡献却很集中时，就属于"独裁统治"的情况，也就是第79页矩阵图的右下角的方块。这时大家的意见分歧很大，有必要进行讨论以达成共识，但其他人的主张却被一个"暴君"所压制（见第120页）。

在真实职场中，可能出现这样的情形：老板专横武断，强行推动讨论的进程。在这种情况下，会议是由"暴君"一个人支配进行的，所以严格来说不能被称为小组讨论。

这时，讨论的最终成果取决于"暴君"的个人能力，如果"暴君"的能力不强，那么交付成果的品质就不会高。在讨论过程中，"暴君"的贡献可能会下降，变成"打瞌睡的船长"（见第121页），而讨论可能会迎来"搁浅"或"漂流"的命运。在这种情况下，最好是积极地通过"政变"来推翻"独裁统治"，以实现"政权"的更替。

不过，也可能有例外的情况，比如"暴君"是一个非常有才华和魅力的人物。在这种情况下，他接连不断地提出一个个非常有用的意见，其他人没办法反对，所以往往很难进行发言。这时候，你可以转换成观众的角色，致力于整理和评价"暴君"生产的内容。

由此，我们可以看出，集体讨论的力量平衡可以从两点来把握：路线方向是否一致，贡献份额是否平衡。如前所述，很少有会议能一开始就呈现矩阵图左上角的理想的平衡点的状态。常见的情况应该最好是一开始处于左下角的混乱状态，然后逐渐能向左上角移动以达成共识。另外，如果贡献度存在偏差，呈右边的搭便车或独裁统治的状态，就应该努力促使讨论向左方移动。

"争论"还是"让步"

现在让我们研究一下这种力量平衡是如何决定的。

首先，让我们来看一下第79页上矩阵图的纵轴，即"路线方向"。路线方向是如何从分歧向趋同转变的呢？

在小组讨论中，存在意见冲突的现象是很正常的。这就是在路线方向上产生了分歧的状态。这时候，每个考生面临两个决策选择："争论"以表达自己的观点，或者承认对方的观点并"让步"。当意见对立但最终仍要做出决定时，要么争论，要么让步，经过辩论或迎合，让路线方向趋于一致。

事实上，如果你确信自己的主张是优越的，并且在辩论中奋力一搏，让意见得到通过，可能会直接有效地促进讨论成果的发展。然而，如果辩论拖得太长，或者历经惨烈的鏖战，才让自己的意见得到通过，就会消耗大量的时间，或者损害与对手的关系，妨碍后期的合作。如果你与对手的关系恶化，他们在后期恐怕很难同意你的主张。处理这种意见冲突时，各方采用的交涉手段很有戏剧性，是小组讨论最有看点的部分之一。我们可以把它想象成议会法案辩论中执政党和反对党之间的攻防战。

那么，对于自己的主张应该坚持还是妥协，判断的标准是什么呢？这里有两个有用的评价基准，即"政策力"和"政治力"。政策力是指你的内容质量的优越程度，而政治力是指你身边有多少支持者（盟友）。这两点都可以成为评估自己意见的判断标准，如果用三阶矩阵图表示，考生应该采取的行动如下。

图 7-3 "争论"还是"让步"

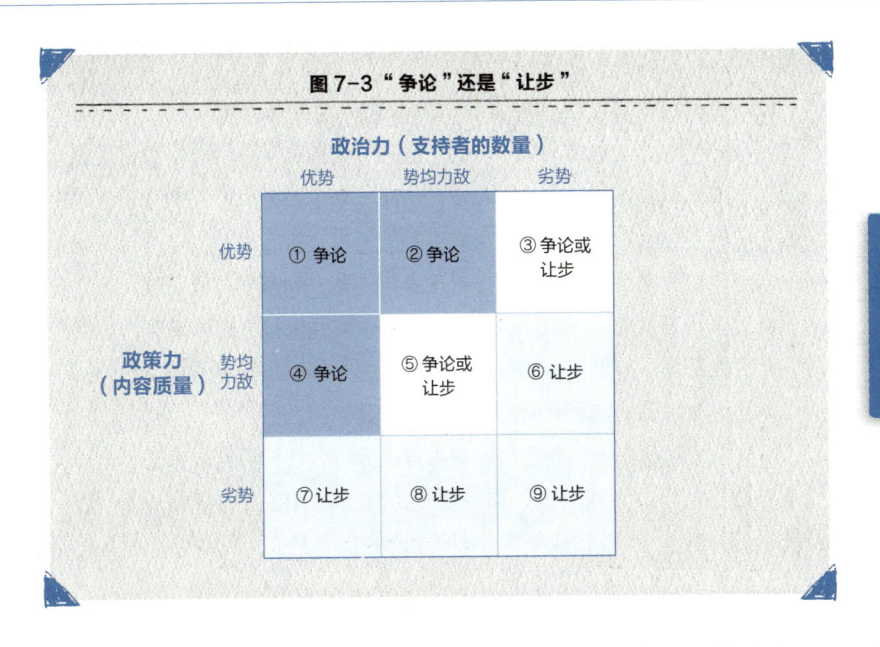

		政治力（支持者的数量）		
		优势	势均力敌	劣势
政策力 **（内容质量）**	优势	① 争论	② 争论	③ 争论或让步
	势均力敌	④ 争论	⑤ 争论或让步	⑥ 让步
	劣势	⑦ 让步	⑧ 让步	⑨ 让步

　　让我从简单明了的情况开始讲起。首先，如果自己的内容质量逊色于对方（见矩阵图中⑦、⑧和⑨），就应该毫不犹豫地让步，因为在以协作为基调的小组讨论中，创造一个更好的成果应该是共同的目标。

　　如果自己的意见在内容质量上有优势，在支持人数上也有优势或势均力敌（见矩阵图中①和②），或者在内容质量上势均力敌，但在支持人数上有优势（见矩阵图中④），那么如果你坚持争论，意见就能顺利得到通过。

　　剩下的三种情况，意见则因人而异。首先，如果在内容质量上势均力敌，但在支持人数上却逊色不少（见矩阵图中⑥），笔者认为此时应该毫不犹豫地让步。如果你让步，就会很快通过与你的意见质量相当的内容；但如果你坚持争论，一心想让自己的意见占上风，就会占用宝贵的讨论时间，且并不会提高最终成果的内容质量。我理解你对自己的想法的执着，但如果作为一个团队成员，不打无用之仗是非常重要的。

　　接下来是在内容质量上势均力敌，在支持人数上也势均力敌的情况（见矩阵图中⑤）。这种情况下，你应该首先尝试争论。从某种意义上说，这是小组讨论中展示个人魅力的时刻，所以应该大方且诚实地主张自己内容的优越性。不过，如果时间所剩无几，你则应该转换成协调员的角色，摸索妥协点和折中方案，或者干脆进行让步。

最困难的情况是考生在内容质量上有优势，但在支持人数上却有劣势（见矩阵图中③）。这种情况下采取的行动，可能取决于考生对小组讨论观念的认知。如果是合作型考生，就会选择让步；如果是有点好斗的竞争型考生，则会先试着进行争论，如果没有得到有利的认可，再选择让步。不过，虽然对手众多，但通常都有一个核心的辩论者，因此，如果你能驳倒这个人，就会获得持观望态度的"无党派人士"的支持，或面带微笑的面试官内心的支持，并可能翻盘。如果真的能够逆转局势，那么你就呈现了一场精彩的比赛，所以如果你对自己的内容有信心，就应当一试。

但这里的问题在于，判断内容是否有优势时，往往会自以为是。也许你只是对自己的内容自我欣赏，如果你坚持战斗，可能会化身成一个"毁灭者"（见第119页）。在"战斗"前认真地自我反省是必不可少的，而且你必须有"冲突一触即发时要马上收住"的觉悟。

如上所述，考生之间的小组讨论的策略，可以被看作是由内容质量和支持者数量决定的力量平衡。讨论的最终目标是创造一个优秀的可交付成果，所以不应该非要争论出胜负。不过，如果通过争论成功说服了对方，你的可信度就会提高，讨论也会逐渐围绕你展开。具体来说，其他人会通过点头、附和，或积极的眼神交流，来表达对你的认同。通过这些争论或让步的策略，考生的存在感会逐渐发生变化，路线方向也会一步步朝着共识靠拢。

考生做出贡献的风格

关于第79页的矩阵图，我分析了纵轴上的路线方向是如何趋同的。接下来，我将研究横轴上的贡献份额是如何确定的。

一个考生的贡献越多，其在场上的影响力自然就越大。如此前所述，这里的贡献度，就是在第二章所定义的"贡献度=发言质量×发言次数"。根据这个定义，考生的贡献风格可以用两个轴线分为四类：发言质量高或低和发言次数多或少。

图 7-4 考生贡献风格的分类

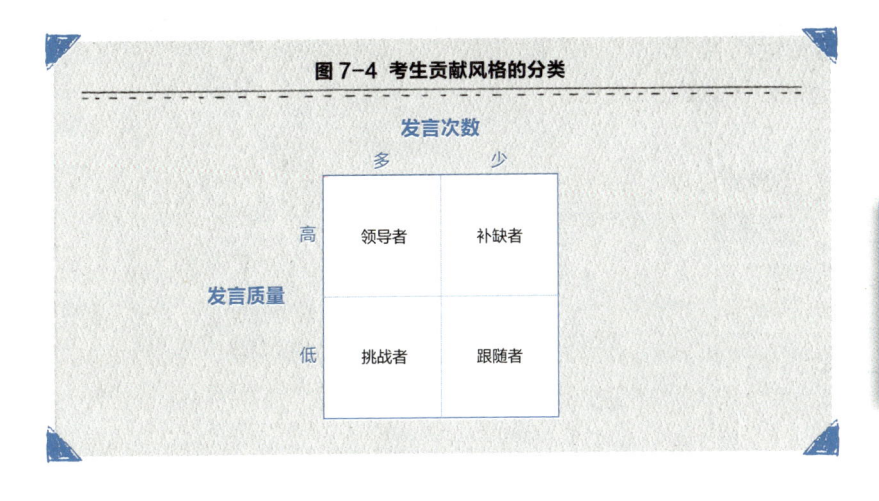

	发言次数多	发言次数少
发言质量高	领导者	补缺者
发言质量低	挑战者	跟随者

这一结构,类似于营销战略理论中的领导者、挑战者、跟随者和补缺者的框架。在这个由"现代营销学之父"菲利普·科特勒提出的框架中,根据营销资源的质量和数量,企业被分为四个类别。从结果来看,当市场被四类公司占据时,领导者拥有40%的市场份额,挑战者拥有30%,跟随者拥有20%,补缺者拥有10%的框架比例,是最合理的。比如在日本汽车行业,领导者是丰田,挑战者是日产和本田,跟随者是马自达和三菱,而补缺者是铃木。乍一看,似乎数量少但质量高的补缺者,应该要比数量和质量都差的跟随者有更高的市场份额,但是按照惯例推测,补缺者在行业中只占据了一个非常小的空白市场,因此市场份额最低。

在本节中,对小组讨论的可交付成果的贡献比例的划分,可以沿用这个市场份额划分的思路。这四个角色原本是根据营销资源的质量和数量来划分的,但在这里我们将它们按照发言质量和发言数量来划分。

领导者

"领导者"是发言次数最多、发言质量最高的角色,因此贡献也最大;在小组讨论中,他们往往是站在白板前的控场人。在面试选拔中的小组讨论里,理论上可以通过高质量发言提高贡献度,但要即兴创作出质量极高的发言是相当困难的,而从经验上来看,发言次数多的考生最终也会作出很大的贡献。控场人处于讨论的中心,必定会有更多的发言机会,因此从第三方的角度来看,他们会给人贡献度较高的印象。就内容层面而言,他们往往会扮演引导员或供给者的角色。

挑战者

"挑战者"是指与领导者一样,具有较多的发言次数,但在发言质量方面略逊一筹的考生,因此贡献度在领导者之后,居第二位。例如,站在白板前的领导者作为控场人负责协调活动,而挑战者则是坐在那里,通过内容层面的发言作出贡献,相当于助理主持人的作用。由于协调活动主要委托给了领导者,挑战者往往就会在内容层面上扮演引导员、供给者和观众的角色。此外,发起"政变"的考生通常都是挑战者。

补缺者

"补缺者"是那些发言次数少但发言质量高,作出了一定贡献的考生。和营销战略理论的例子一样,通常情况下,补缺者的贡献会比跟随者少,这是由于其在发言次数的量化方面,做出的贡献是处在较低水准的。因此,补缺者是一个靠发言质量生存的参谋或顾问的形象,比如偶尔发表尖锐、新鲜和个性的"吐槽",以及根据自己的专业知识提供重要的信息等。补缺者也包括那种虎视眈眈地保持鸟瞰状态,准备做出关键一击的考生,因为一两句极其精彩的发言,往往能一下子提高考官对他们的评价。另外,补缺者还有一种类型被称为"后卫评论员",当讨论停滞不前、陷入沉默时,他们会作为最后的安全网,伸出援助之手。

然而,由于他们一开始的发言次数就很少,因此一旦走错便会沦为"沉默者"(见第127页)。在旁人看来,一个沉默的参谋与"沉默者"没有区别。这类考生应该避免过于居高临下,不要因自命不凡或持嘲讽的态度,而错过发言的机会,脱离实际的战线。如果没有机会打出关键一击,那么其总的贡献就会一直处于低水平。在营销战略理论中,尽管由于营销资源限制,市场份额很小,补缺者仍是一种既定的管理方式,但在小组讨论中我并不会积极地推荐这种补缺者的角色。

跟随者

"跟随者"是那些因为发言次数较少、发言质量较差，而满足于相对较低的贡献度的考生。在许多实际的小组讨论中，往往是少数的领导者和挑战者作出了大部分的贡献，而大多数考生都属于跟随者这个群体。就内容层面而言，跟随者一般会担任观众的角色。

综上所述，当小组讨论的贡献度取决于"发言质量 × 发言次数"时，就可以借鉴营销战略理论的框架，将考生的贡献风格进行分类。我们很容易进行笼统或空泛的自我评价，比如"我在今天的讨论中起到了作用"或"我今天表现得一点也不好"，但如果从发言够不够多，发言质量是否有问题的角度考虑，可能会让你更冷静地回顾自己的表现。

考生的战术

小组讨论具有戏剧性。一个在上半场是领导者的考生可能在下半场失去优势，或者一个在上半场是跟随者或补缺者的考生可能在下半场获得优势。换句话说，每个考生的贡献度的变化，赋予了现场戏剧性的故事情节。在上一节描述的框架中，每个考生在固定时间段内的贡献度被定义为"发言质量 × 发言次数"，这是一个静态的评价，而接下来我们关注的是贡献度的动态变化。

在参与讨论时，每个人都有自己的节奏，或在前期阶段特别活跃，或在讨论内容复杂的中期阶段很强，或在最后的总结阶段显示出实力，等等。通过把握节奏，你将能够更客观地掌控正在发生的戏剧情节，也可以找到改善自己表现的着手点。

现在，如果我们把小组讨论看作是一场比赛，看你能在限定的时间内为达成共识作出多少贡献，那么用赛马来打比方就很合适。赛马的战术适应性（擅长的位置和跑法），由气质（脾气）和奔跑能力（腿部力量）决定，不同的跑法有不同的战术。由此，赛马主要分为四种类型：领放马、前列马、居中马和后追马。

据说，赛马的战术适应性并不完全是与生俱来的，而是由训练师和骑师通过为其积累比赛经验，不断地摸索，逐渐培养出来的，为的是找到属于他们的最佳战术。这个比喻在很大程度上可以适用于我们的小组讨论。以下是对每类战术适应性的简要说明：

领放马：在比赛的前期阶段就开始领先，成功地甩开对手，直达终点的马。
前列马：从比赛开始就紧跟由领放马带领的马群，并在最后一个直道前追上领放马，冲过终点线的马。
居中马：在前期阶段，保持在队伍的中间位置，从最后一个弯道到直道，逐渐加快步伐，最终超过最初由领放马带领的马群的马。
后追马：在前期阶段跟随在马群的后面以保存体力，然后进入直道并在最后一次冲刺中超越最初由领放马带领的马群的马。

接下来，我们把赛马换成小组讨论中的考生，具体如下。请注意，前期的角色定位分别对应领导者、挑战者、跟随者和补缺者。

· **领放者**：这类考生从一开始就领导讨论，直到最后都是**领导者**。具体来说，他们从一开始就作为控场人站在白板前进行控场，积极参与设置议题和提供内容。这个位置耗费的精力最多，但可以清楚地看到讨论的妥协点在哪里，对于这种领导者来说，因为前方没有其他考生阻挡，工作起来可能会很轻松。

· **前列者**：这类考生在前期阶段作为**挑战者**支持领导者，但逐渐会以作出的贡献超过领导者为目标。例如，他们密切跟随讨论，对控场人起着辅助作用，在讨论的最后阶段，贡献比领导者更大。领导者倾向于在协调层面消耗精力，所以如果前列者能在不降低内容质量的情况下，持续作出贡献，就可能在总贡献方面获胜。因为可以跟随作为领跑者的领导者直到半途，所以这可能是最省力的战术。

· **居中者**：这类考生在前期阶段主要作为**跟随者**观察形势，但会逐渐切实地增加自己的贡献，最终成为领导者。例如，在确认前提和设置议题时，他们静静地充当观众，专注于整理和评价，但会逐渐提出新的争论点，或在有争议的环节扮演协调员的角色，显示出他们总结内容的能力。因为最初的议题设置环节是一个很好的可以发挥自己价值的机会，所以在讨论中期再表现自己是一种稍显艰难的战术，但如果讨论在后半段变得更加复杂，这种战术或许是可行的。

・**后追者**：这类考生在前期阶段作为补缺者纵观讨论的全局，然后利用讨论中的僵局，迅速增加自己的贡献度，最终上升为领导者。例如，他们一开始完全不说话，静静地观察场上的局势，当讨论已经完全陷入僵局时，他们就会潇洒地登场，以"政变"的方式取代控场人，成为领导者。因为这种战术是建立在假设讨论会陷入僵局的基础上的，所以并不能确定"脚本"能否按计划实现，而且在后半段，临到紧急关头时再一下子整合讨论需要大量的精力。

在面试选拔中的小组讨论里，时间是有严格限制的，所以强调的是讨论前半段设置议题的绝对能力，因此采取"领放"或"前列"的战术是更有利的。"居中"和"后追"的战术，在赛马中往往因其戏剧性的胜利而受到关注，但在短时间的面试选拔小组讨论中，通常被认为是没有优势的。

应该注意的是，在赛马中，绝对的目标是在比赛中获得第一。在赛马这样的竞技性比赛中，第一名和第二名的意义不可相提并论，但在小组讨论中，则应该着眼于提高总体贡献度。所以，如此前所述，这个框架的主要作用是让你了解自己是什么类型的人，从而能够把控自己表现的节奏。

如上所述，第七章将力量平衡分为了两个主轴——路线方向和贡献份额，并分析了每个主轴框架的特征。此前，推动集体的戏剧性发展的动力，一直是完全隐性的知识。希望我本次的讲解，能让你对此有一些简单的认识。

至此，"第一部分：原则篇"就结束了。接下来，让我们进入在实际运用这些原则的实践篇吧！

专栏 02

充满"关爱"的眼神接触和积极反馈

在小组讨论中，发言内容的重要性自不必说。但在实践中，发言内容本身之外的要素也对讨论有很大影响。一项著名的心理学研究表明，非语言交流，如面部表情、眼神、姿态等传达的信息占听众接收到信息的55%，38%的信息则由声音的质量和速度决定，只有7%的内容是用语言说出来的。在此背景下，2005年甚至有人写了一本名为《人，九成靠外表》的畅销书。

下面，我就来简单地总结一些小组讨论中需要注意的要点。

说话速度

首先，关于说话的速度。虽然只是经验之谈，但我认为根据交流的形式，说话的速度往往按以下顺序递增：演讲、讨论、辩论和日常对话。无论日语还是英语，都能大致看到这样的趋势。我们可以比较一下实际生活中政要演讲、家庭会议、政策辩论节目和电影对话场景中的说话速度。据说在不同的国家和地区，人们走路的速度也不一样，同样地，说话的速度也不尽相同。另外需要注意的一点是，年轻人大多语速快、能言善辩，但无论内容如何，都有可能让年长的人觉得很肤浅。所以和年长的人交流时，你应该注意要尽量沉着冷静地表达自己的主要观点。

姿势

接下来，关于姿势。我们经常提到，身体的姿势和精神上的态度之间存在着相关性。尝试一下你会发现，如果用抱胳膊、跷二郎腿、托头、托腮、靠椅背等姿势参与讨论，是让人非常不舒服的。采用这些姿势，会显得傲慢

专栏02

或在嘲讽他人，散发出一种"怪人"中的"批评家"的气场（见第123页）。因此，如果你一开始觉得不在状态，只需将腰部挺直，身体微微前倾，就能逐渐打起精神。

还有些人似乎已经养成了一些不良的习惯，典型的例子包括：摆弄手指关节发出声响、拨弄头发、用手指人、抖腿、手指交叉托着下巴等。假如你的年龄越大，就越少会有人指出你的这些不良习惯，所以要靠自觉，去有意识地改正。

用充满关爱的眼神接触和积极反馈

最后，关于说话的态度，应注意用充满关爱的眼神去接触他人，并在对话时积极地进行反馈。如果你性格内向，或者因为工作原因经常被限制在一个封闭的环境里，你可能会不知不觉地被人们默认为是反应迟钝或脾气暴躁的人。在现实世界中，人们需要通过交流来实现合作，所以即使你不是一个活跃气氛者，也要保持最低限度的亲切。

总之，更注重硬性（内容）层面的人，讨论时往往会盯着手中的笔记，或在讲课时盯着身后的黑板或听众斜上方的天花板，或者在整个汇报过程中只看身后的幻灯片。而更注重软性（协调）层面的人，在与听众说话时常常看着他们的眼睛，在听对方说话时也会给予积极的反馈。带动和整合他人发言的出发点，可能就是源于对他人的关爱（同理心）。

PART 2 实践篇

从案例分析中学习讨论的思路和方法

在第二部分中,我将复制真实求职过程中的小组讨论的情景,让读者切实感受第一部分中框架的适用程度。特别是,我将对考生的发言、定位的选择以及对小组的贡献程度进行分析。如果你能跟随我分析的思路,去测试第一部分的框架在你日常集体智识生产中的应用情况,那么就可以帮助你更清晰地认识你的日常讨论。

此外,除了求职活动,在现实生活的讨论中也会出现一些"问题考生",我将其命名为"怪人"。在第二部分中,我将介绍他们的状态,并具体讲解如果遇到他们该如何处理。

Chapter 8

直击小组讨论现场
——如何缓解迪士尼乐园的拥挤状况

本节将结合笔者在面试选拔和小组研讨会中的小组讨论的实际经验，举例说明面试选拔中的小组讨论的真实情况。希望你能通过这个例子，感受现场的气氛，并体验前文理论部分学到的框架在现实中的应用情况。每段发言右下角彩色文字，与第四章和第五章中解释的定位相对应。另外，这个故事完全是虚构的，并没有特定的人物原型。

吉永(主人公，男)：经济学部大三学生，希望从事管理咨询行业的工作。
木村(男)：雄心勃勃的理科硕士一年级学生，有志于在外资金融企业工作。
中居(女)：工学部大三学生，有志于从事与广告和贸易相关的工作。一直积极参加学生团体活动和实习。
稻垣(男)：法学部大三学生，希望成为国家公务员或日本金融机构的一员。
草薙(女)：教育学部大三学生，希望在媒体、航空公司或化妆品制造企业工作。
香取(男)：来自关西地区的商学部大三学生，希望能进入贸易公司或日本家电制造企业工作。从关西来到东京参加面试选拔活动。
堀北(面试官，男)：一家外资管理咨询公司的年轻员工，今年是他入职的第五年。

在小组讨论开始前要做什么

在一个秋高气爽的星期一，东京的一家外资管理咨询公司举行了一次小组讨论形式的群面。面试官是一位新晋的年轻员工，堀北。他刚从名古屋出差回来，看起来有些困倦。参加面试的有六名考生。这是一个由不同专业、性别、性格和背景的人组成的多元化小组。我们的主人公吉永将如何表现呢？

被安排在下午3点面试的吉永,提前10分钟气喘吁吁地来到了位于12楼的办公室。此时,他发现门口已经挤满了穿正装的考生,似乎是前面的小组讨论拖延了,被安排在下午2点半面试的考生也还在等待。吉永告知了前台的女士他的来访,然后就被引导着走到了即将要一起进行小组讨论的其他组员们的面前。

吉永: 啊,你好。我叫吉永,是甲大学经济学部的三年级学生。

木村: 哦,很高兴见到你。我叫木村,是乙大学的理学硕士研究生。

中居: 哎呀,还有一个人啊。我叫中居,是丙大学工学部的三年级学生。

稻垣: 我叫稻垣。我也是甲大学的,不过是法学部的。我以前好像在食堂见过你,你是足球部的成员吗?

吉永: 啊,是的。你了解得很详细呀。(经常一聊到本学校内部的话题就停不下来。)

草薙来得有些晚,她简单地介绍了自己。上一组的小组讨论已经拖了很久,让大家等待了20分钟。这段时间里,小组成员们分享了他们来自哪里,想从事的行业以及自己求职的情况。木村在本科时就有过找工作的经历,并且已经收到了几家公司的录取通知,所以他似乎对这种类型的小组讨论相当有经验。中居似乎也通过学生团体活动和实习,积累了丰富的与人沟通的经验。而其他成员似乎对这种类型的小组合作(包括小组研讨会)没有什么经验。因为木村和中居有丰富的讨论经验,于是吉永在心里把领导者的位置留给了这两位态度积极的成员,并假设其他人基本上会提供帮助。这样就不会因为与强势的"双雄"竞争第一的位置而扰乱讨论的秩序,所以这是一个可靠的决定。

过了一会儿,一位人事部门的女员工把他们五个人带到了一个会议室。走廊两旁是一些由半透明玻璃隔开的会议室,小组讨论正在这里进行。看来,现在正好到了与上个小组交接的时间。进入房间后，可以透过窗子看到东京塔和高层办公楼群等美丽的城市景观。面试官堀北坐在房间里面靠窗的位置，旁边摆放着一块小白板。桌子上放着一支黑色的水性白板笔和若干其他纸笔。

堀北： 同学们，大家好。你们可以坐在自己喜欢的地方。

每个人自己选好座位坐了下来。注意看的话，会发现木村似乎很有心机地坐在了白板的前面。吉永也在白板附近找了个位置，挨着堀北坐下了。不知道是幸运还是不幸，他与木村的座位正好相邻。

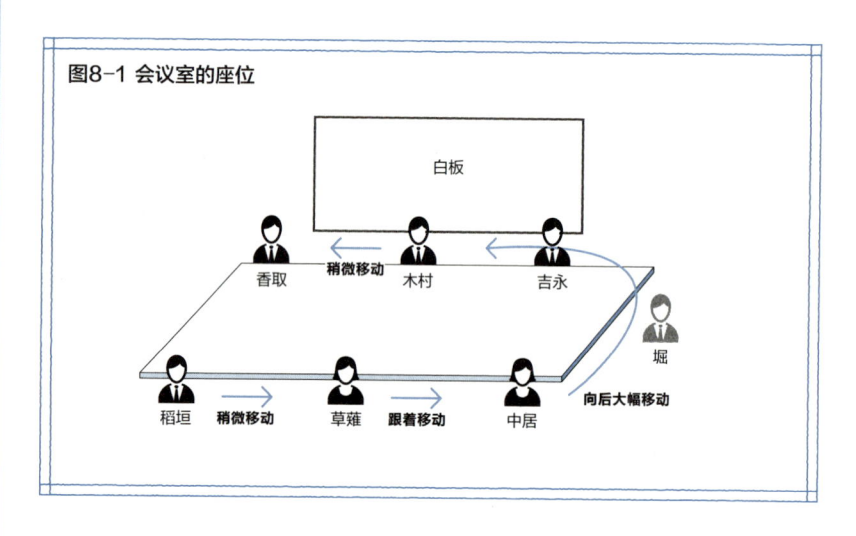

图8-1 会议室的座位

（图中：白板；香取—稍微移动—木村—吉永；堀—向后大幅移动；稻垣—稍微移动—草薙—跟着移动—中居）

堀北： 很高兴见到你们，我姓堀北，入职本公司已经有5年了，这次由我来负责你们的面试。那么，先请你们简单地介绍一下自己吧。就从我左边的女生开始，顺时针方向进行吧。

中居： 大家好，我叫中居和惠。我现在是丙大学工学部的三年级学生，我对基础设施相关的信息系统和大数据分析感兴趣，曾在一次开发竞赛中获得某某奖。我还是全日本某某协会的董事会成员……（随后是冗长的自我推销，但大家都在很认真地听。）我目前希望从事与广告和贸易相关的工作，现在有自己的副业，将来也有可能创业，但我也想争取一下在管理咨询公司工作的机会，所以来参加本次面试。我是一个非常热心的人，我的宗旨是"成为大家的休憩驿站"。谢谢大家！

堀北：（对中居强势又自我的表现报以苦笑）这不是集体面谈的环节，所以不必太过自我推销（笑）。我只需要核对一下你们的名字，所以让我们尽量简短一些。那么，接下来是旁边的女生。

草薙：很高兴见到大家。我叫草薙，来自丁大学教育学部。这是我第一次做这样正式的小组讨论，但我希望能和大家一起度过一段火热而激情的时光。谢谢大家！

稻垣：我是甲大学法学部的稻垣。在座的各位都是精英和先锋，我感受到了满满的活力。我非常期待接下来的讨论。

　　就在稻垣说完的时候，香取拎着一个大波士顿包，气喘吁吁地跑进了房间。

堀北：啊，又来了一个人。你的行李可真不少啊（笑）。我们现在正在做自我介绍，那请你也简单地说一下吧。

香取：啊，还好正巧赶上了！不过我现在背的是行李，各位背的是压力。只是开个玩笑，我叫香取，是戊大学商学部的三年级学生。我是从东京站打了一辆出租车赶到这里来的。各位，接下来就让我们尽情讨论吧。

木村：大家好，我叫木村，是乙大学理学院研究生院的一年级硕士生。我平时主要从事理论物理的研究工作，但最近我一直在帮助我的教授做研究，有时在实验室里做实验，也做一些矩阵运算库的编程。各位，今天我们要有所规划，不要让讨论变成单纯的创意大赛。这就是我要说的。谢谢！

吉永：很高兴见到大家，我叫吉永，是甲大学经济学部的三年级学生。我身边的各位，都有很鲜明的个性，所以我有点紧张，但我很期待与各位的合作。

小组讨论的实况转播

堀北：（对照手中的报名表，核对了每个人的姓名后）由于时间有限，让我们赶快开始吧。大家准备好了吗？让我们把时间尽量控制在20分钟左右。当讨论完成后，你们将有一分钟的时间来简要汇报最终的决策。（大家点头）请用手边的纸和笔记录你们的笔记。讨论结束后，我会把它们收回。现在让我们开始吧。（他清了清嗓子，开始宣读手中的试题。）

假设你是我们公司的一名顾问，承接了一项Oriental Land公司的咨询业务。众所周知，Oriental Land是负责经营东京迪士尼乐园的公司。迪士尼乐园刚刚举办过纪念开园30周年的活动，但最近园区变得越来越拥挤，于是他们希望与我们合作，一起制定出对策，来缓解这种拥挤的状况。不过，他们希望尽可能在不损失营业额的情况下解决问题。

中居：对不起，我有一个问题。这是迪士尼乐园的专属项目，而不包括东京迪士尼海洋乐园和伊克斯皮儿莉购物中心这样的商业设施，对吗？

（1. 确认前提）

堀北：是的，我们就把问题设置得简单一些。

中居：啊，说起来，什么程度才算是拥挤呢？

（2. 确认前提）

堀北：思考这个问题，就是各位的工作了。好的，从现在起以20分钟为限，大家开始讨论吧！

所有学生：（微微地鞠躬行礼）请多指教。

香取： 好的，那让我们公平一点，轮流提出对策吧。就从草薙这边开始！

（3.分配发言）

草薙： 嗯，或许可以安排更多的游乐设施使用快速通行证。现在，只有热门的游乐设施才有快速通行证。

（4.提出假说）

木村： 请等一下。我刚刚说过，要避免我们的讨论成为创意大赛。正如中居所问的，首先必须正确地定义问题，这样才不会对我们要考虑的对策产生误解。

（5.管理进度）

吉永： 我同意木村的意见。我觉得，像现在这种寒冷的秋冬季节，园区的人其实并不多。主要是在暑期和春季的大长假时，迪士尼乐园才会特别拥挤，所以为了统一认识，不如把重点放在极端情况下，比如将对策应用的时间范围，缩小在夏季的盂兰盆节或黄金周假期如何？

（6.确认前提）

中居： 你看起来像是只在上小学时和父母一起去过迪士尼，没想到却知道这么多。好吧，大致上就是这么个意思，就这样决定吧。接下来让我们想一想，应该如何定义拥挤这个问题呢？那么，就让我们每个人单独思考三分钟吧。我来计算时间。（大家点头）好，现在开始！

（7.管理进度）

每个人都用圆珠笔，在发下来的白纸上刷刷地写着。刚才想突然开始发言的香取有些沮丧，但也零零散散地写下了一些想法。然后，中居手机上的秒表发出了提示音。

中居： 好的，已经到三分钟了。木村，你写了满满一张纸呢，那么你有何高见呢？

(8.分配发言)

木村： 在我看来，拥挤的情况可以分为两种，那就是整个园区的宏观上的拥挤和个别游乐设施的微观上的拥挤。关于宏观上的拥挤，我把它定义为"拥挤=（入园的人数−离园的人数）÷面积"。其中，入园的人数是指入园的游客数量，离园的人数是指离园的游客数量。面积指的是迪士尼乐园本身面积的大小。由此可知，如果你减少入园的人数，增加提前离园的人数，并使园区的面积变大，就一定会减少拥挤的情况。另一方面，微观上的拥挤是指游客分布在园内暂时出现了不均衡，即在某些特定的游乐设施、餐馆或花车巡游中产生了拥挤。如果能从这两个方面着手，就能够比较全面地解决问题了。

(9.设置议题＋提出假说)

吉永： 好，现在轮到我了。我基本同意木村的方法，但非要说的话，我认为最后一个微观上的拥挤，还可以分为两类：有时间上的不均衡，即重点时间段的拥挤，如花车巡游、午餐、晚餐和回程购买纪念品的时间段；另外还有空间上的不均衡，即重点地段的拥挤，如热门游乐设施和女厕所等地。剩下的几乎都可以沿着他的思路。另一个方向是提升游乐设施的运转能力，比如缩小启动时间间隔，让游乐设施不断地启动，或增加游乐设施的座位数量。

(10.整理内容＋提出假说)

中居： 稻垣，你从刚才开始就一直皱着眉头，对此你有什么看法？

(11.分配发言)

稻垣： 嗯，总觉得这些话听起来很复杂。我认为简单地从"拥挤=需求−供应"的角度进行概括性的思考，而不必使用宏观、微观这样的两级结构，问题会更清楚。最后，我认为最好的解决办法，是以某种方式控制需求。因为我们没有增加园区面积的方案。另外，我不明白吉永的时间上和空间上的定义。花车巡游也有固定的路线，那么也可以算作空间上的不均衡，而受欢迎的游乐设施的拥挤主要是在午餐后的下午，那么也可以算作时间上的不均衡。我认为不能将这两者割裂。

（12.整理内容+评价内容）

木村：可以先不要提解决办法之类的结论吗？首先考虑所有可行的办法是很重要的。如果动脑想一想，有很多方法都可以增加园区面积。例如，将其与迪士尼海洋乐园合并，后者的规模与之相当，但人流相对较少。

（13.管理进度+提出假说）

中居：没错。我们必须先灵活地思考。吉永的框架虽然偏理性和逻辑性，但可以用来组织我们的思路。草薙，你怎么看？

（14.分配发言）

草薙：我想到了我去其他主题公园的时候，遇到的一些例子。例如，在新加坡的环球影城，通常会发售快速通行证。你本来需要等待一个小时，但如果多付1000日元，就可以排在队伍的前面。另外，假期和工作日的定价也完全不同。这不是很值得关注吗？

（15.提供信息）

木村：啊，现在有点混乱了，谁来把大家的意见写在黑板上吧。吉永，你来当抄写员吧。

（16.管理进度）

中居：哦，的确如此。那我就当总抄写员吧。请让一下。（在吉永做出反应之前，她直接站起身越过了堀北，在木村和吉永之间的白板前占据了一个位置，并开始进行记录）

（17.记录议程）

香取：这个主意很棒!我也想了一些类似的方案,比如在花车巡游期间,让商店搞限时促销,所有商品都半价出售,怎么样?另一个方案是在盂兰盆节和黄金周期间大幅提高门票价格。这样就可以一下子缓解拥挤的状况了,不是吗?

(18.提出假说)

(在香取说话的时候,中居默默地在白板上写下了木村提出的框架。)

中居:这样写可以吧?对不起,香取,我没有听到你的第一个想法。商店搞半价促销是吧?

(19.记录议程)

香取:是的,只是在花车巡游的时间段。

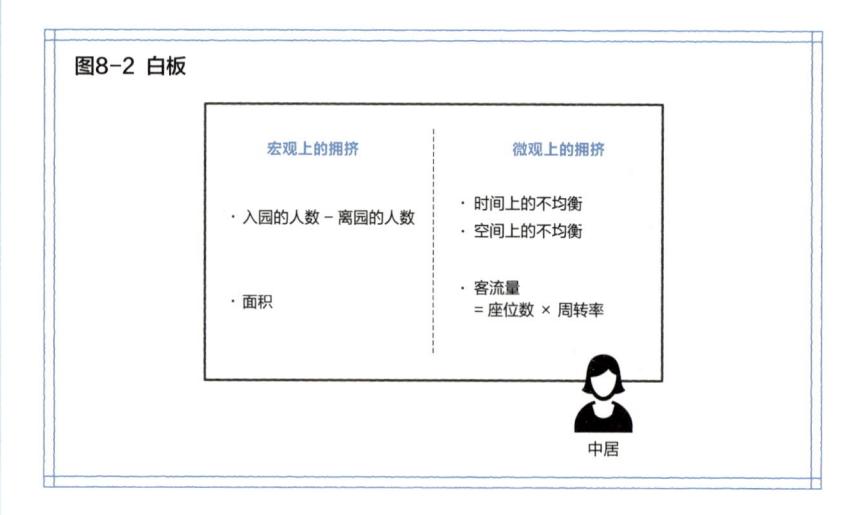

图8-2 白板

宏观上的拥挤	微观上的拥挤
· 入园的人数 − 离园的人数	· 时间上的不均衡
	· 空间上的不均衡
· 面积	· 客流量
	= 座位数 × 周转率

中居

吉永:刚才香取提出了两个意见,但我认为它们都可以在木村的框架内得到解释:第一个在花车巡游期间进行半价促销的方案,消除的是木村提出的微观拥挤中的时间上的不均衡;第二个提高门票价格的方案,减少的是宏观拥挤中的需求。这也是稻垣刚才提到的。而草薙所提到的新加坡环球影城快速通行证的例子，也与微观拥挤中的空间上的不均衡有关。

(20.总结共识)

中居：好的，那这样写可以吧？

(21.记录议程)

(中居不停地在白板上书写着。大家对于吉永的总结，都显得很赞同。木村看起来很高兴自己的内容获得了"通过"）

中居：嗯，最后轮到我了。做抄写员有点辛苦，所以请大家认真听我说。木村的框架应用范围相当广泛，所以值得赞赏。可以的话，我想补充一些之前没有谈到的点。首先，我认为有一个方面，那就是园区里的人流不畅。特别是在花车巡游期间和园区即将关闭时，因为人们都朝一个方向移动，所以有很多拥挤的情况发生。为此，可以针对这个方面采取对策，比如增加道路的数量或者宽度，或者设置像汽车单行道那样的单行系统。迪士尼乐园里装饰着一些大型的雕塑和艺术品，所以当人多拥挤的时候，把这些物体移走可能会更好（笑）。在木村的框架中，不知道这能否算作一种让面积增加的方案。不过，这也可能有助于缓解空间上的不均衡。在这个框架中，定位有点不好把握（笑）。游客不太清楚每个游乐设施需要等待的时间，所以往往会不约而同地去了同一个地方。也就是说，现在你只能在到达现场后，才能看到游乐设施和餐馆的等待时间。如果能够开发一个系统，例如开发一个免费的智能手机应用程序，让游客可以一目了然地查看所有游乐设施和餐厅的等待时间，那么游客就可以自行安排，比如："这家餐厅目前没有什么人，所以我们先在那里吃饭吧。"这样就可以消除人流的不均衡。我想说的就是这两个方面。

(22.设置议题＋提出假说＋记录议程)

(中居边说边在白板上简单地写下了她的意见）

稻垣：嗯，增加道路或拓宽道路的方案，成本可能会相当高。我认为我们的思路不应该走这种道路建设的方向。

(23.评价内容)

草薙：稻垣，就像木村刚才说的，我们现在不要考虑方案是否实用，而是要活跃我们的思维，找到一个宽泛的方向。道路建设不仅仅限于拓宽道路，还包括增加人行横道、地下通道、人行天桥等通路。目的也不仅仅限于使游客步行移动更加顺畅，就像灰姑娘城堡的地下通道，是不是让人觉得很神秘呢？园里甚至可以搭建一个索道缆车（笑）。

(24.管理进度＋提出假说)

香取：草薙制作人，你说的方案很有吸引力。那么，别光改造道路了，干脆盖一座高楼，把游乐设施全部都放进去怎么样？盖一座像迪士尼塔那样的摩天大楼也不错吧。不过，风景看起来就差了一点（笑）。或者在地下再建一个类似主题公园的景点。哦，这也相当于增加了面积。连我自己都觉得很新颖啊。你觉得呢，吉永。

(25.提出假说)

吉永：(有点尴尬)确实如此。我认为稻垣先生很聪明，能抓住发言中的各种漏洞，但让我们把实用性的观点放在后面，先提出许多不同的争论点，好吗？中居的观点是，所有游客没能同步掌握等待时间的信息，导致了行动上的不均衡，我认为他的观点很有意思。这在白板的框架内，属于减少空间上的不均衡的范畴。

(26.管理进度＋总结共识)

木村：另外，我们的客户究竟为什么想要缓解拥挤的情况呢？究其原因，恐怕是因为遭到了游客的投诉。只要游客不感到厌烦，是否拥挤其实并不重要。所以，可以设立一个这样的机制：让工作人员，或者说是演员们，和等待的游客们互动。或者举办一些游客们可以一起热闹的活动。在其他国家的某些节日活动中，人们会互相泼水，或互相扔西红柿，或许我们也可以尝试类似的活动。虽然很拥挤，但看起来很好玩。

(27.设置议题+提出假说)

中居：哦，他们可能已经采取了不少这样的措施。迪士尼在这方面非常用心，比如为在游乐设施旁边等待的游客，安排一些可爱的表演。我见过有一次，演员们就打扮成海盗走来走去，给游客们带来惊喜。

(28.提供信息)

木村：(对中居的发言有些不满)我只是想从更高的角度，把拥挤的定义搞清楚。说起来，当初是你先向堀北先生询问此事的吧？

(29.设置议题)

(吉永转过头，看到堀北的身体一晃，好像正在看时钟)

吉永：抱歉打搅大家的兴致，但时间好像只剩下不到10分钟了。那么，让我们开始减少问题的瓶颈和制约因素吧。我们刚才提到了很多问题，但什么是造成拥挤的最大原因呢？

(30.管理进度)

木村：(回过神来)这就对了，吉永。首先，正如吉永在一开始所说的，应该把发生拥挤的时间范围，缩小到暑期或黄金周假期的范围内，就这一点而言我是相当"agree"[1]的。这期间的拥挤情况相当的严重，已经到了需要限制入园人数的地步，所以是绝对的宏观上的拥挤。游客的绝对数量多到不可估量，所以我觉得无论怎么分散人流都无济于事。因此，我们应该首先关注这个宏观上的拥挤。

(31.设置议题)

吉永：我同意木村的意见。我认为迪士尼乐园的运营比其他游乐园的效率要

---

[1] agree：同意，赞成。这类喜欢夹杂使用英语的考生，在本书中被称为"英语星人"，见第124页。

高得多,所以游乐设施和餐厅接待人数提高的空间并不是很大。

(32. 提出假说)

中居:嗯,是吗? 的确,从绝对数量上看,游客人数可能是很多,但当我采访周围的朋友时,他们通常还是会抱怨具体的时间段或地段的拥挤,例如,因为人太多而无法近距离观看花车巡游,厕所不够用,或者回程时的商店里人满为患,等等。因此,我认为尝试将微观上的拥挤逐个击破会更现实。是吧,稻垣?

(33. 提出假说)

稻垣:是的。而且,如果减少入园人数,营业额就会下降。我认为这对一个营利性质的企业来说不是好事。堀北先生不也提到了,首要的制约因素不就是不降低营业额吗?

(34. 评价内容)

(房间里出现了片刻尴尬的沉默)

木村:是的,在实际操作中,从微观着手的方法可能没什么问题,但是我们现在只剩下不到10分钟了,所以似乎没有时间去逐个讨论花车巡游和厕所的问题了。我仍然认为,控制住总人数才能从根本上解决问题。而且我不认为堀北先生会对改善细节上的操作感兴趣。

(35. 管理进度 + 设置议题)

中居:嗯,那这个问题先放一放。下面,我们就把重点放在宏观拥挤上。大家都没有异议吧。那么,哪方面是更重要的呢? 还是园区的面积吗?

(36. 建立共识 + 带动发言)

香取:简单计算一下,如果把面积增加一倍,就相当于拥挤减少一半。干脆直接在灰姑娘城堡下面建一个地下帝国。环球影城不也建造了哈利·波特园区吗? 让我们把迪士尼乐园扩建吧,越大越好。这样的迪士尼乐园,太棒了!

(37.提出假说)

吉永：正如稻垣刚才提到的，因为投入的成本太大，所以扩大面积的方案并不现实，这个方向是走不通的。迪士尼乐园开业以来，往往好几年才会进行一次扩建，增加园区面积。而我们的客户现在的需求，是相当紧迫的，眼下的问题亟待解决。

(38.评价内容)

中居：说得没错。那么接下来是入园人数和离园人数的问题。我们要想办法让离园的人数增加吗？

(39.带动发言)

香取：中居，你这个想法倒是蛮酷的。也许可以把下午六点以后设为成年人游玩的时间，然后请亲子游的家长带着孩子们提前离开（笑）。比如，设计一种"六点之前离园"的门票，让购买这种门票的人必须在六点之前离开。或者，如果游客提前离园并入住迪士尼酒店，可以获得折扣。这个方案没准真的可行呢。

(40.提出假说)

木村：我觉得直接让游客离开是赶客的行为，是绝对不能在迪士尼乐园里出现的。毕竟，主题公园的宗旨就是永远为游客带来欢乐。

(41.评价内容)

中居：木村竟然说得很有道理，这真是难得呀。我对此也表示"agree"。一不小心就模仿他了。（笑）

(42.评价内容或只是表达了"赞同"的"意见")

木村：（有些恼火）是吗？接下来就是控制入园人数的问题了吧？

(43.管理进度)

稻垣：正如我之前所说，如果你减少游客人数，营业额就会下降。那么你打算怎么做呢，木村？

木村：比如说，可以大幅提高门票价格。换句话说，如果你提高门票价格，游客就会减少。这是一个标准的经济规律。如果游客少了，就会缓解拥挤的情况，提高在园游客的满意度，所以涨价也是值得的。这样，游客也就不会抱怨和投诉了。说起来，许多行业本就有淡旺季之分，如机票和酒店，通常会根据需求波动而调价。在我看来，只有主题公园的门票价格恒定不变，这难道不是很奇怪吗？香取之前也提到过这个问题吧？

(45.提出假说)

（香取憨笑着点头）

吉永：啊，这个角度的确很新颖。也就是说，在入园人数变多，会发生拥挤的时候，就用门票价格来调节，是吧？这样也能够保证Oriental Land方面的营业额。

(46.评价内容)

中居：那样的话，干脆直接限制入园人数，岂不是更简单？也就是说，在盂兰盆节或黄金周期间，将入园人数限制在确定的几万人以内。旺季的机票和酒店，以及演唱会门票的售卖，也会采取同样的对策。这应该是叫配额制吧。

(47.提出假说)

草薙：门票真的很抢手啊！圣诞节之类的节假日时的迪士尼门票，能在拍卖会上拍出非常高的价格。做"黄牛"的大叔、想要得到票的女孩子等，会成群结队地出现在舞滨车站前（舞滨站位于东京迪士尼度假区内，是与迪士尼度假区线的换乘站）。东京巨蛋附近也常年有这类人群。

(48.评价内容)

香取：如果是这样的话，干脆把价格设定为按天浮动，而不仅限于盂兰盆节或黄金周期间，怎么样？比如在万圣节期间，也可以稍微提高一下票价。东京迪士尼乐园已经运营了30多年了，所以应该可以估计出当天的游客数量。价格甚至还可以按小时浮动。比如，在平日里，早上入园时门票的价格是6000日元，而在闭园前两个小时入园，价格则下降到2000日元；在节假日等容易产生拥挤的日子里，早上价格是12000日元，在闭园前两个小时，价格只下调到8000日元。话说回来，没有人愿意花8000日元只逛两个小时吧？（笑）

（49.提出假说）

稻垣：（双手抱在胸前）这的确是一个新奇的想法，但为什么以前没有人这样做呢？如果你不考虑清楚这个问题，这方法只会变成纸上谈兵。

（50.评价内容）

吉永：嗯，这是个很难回答的问题，也许公园在刚开业时没有预料到会有这么多的人，所以简单的统一定价就成了惯例。稻垣，你怎么看呢？

（51.提出假说）

稻垣：嗯，我也很好奇为什么在主题公园行业里，没有人这样做。有的人由于工作原因，只能在盂兰盆节或黄金周期间去这些地方玩，并且这些人通常是和家人一起来的，所以如果价格上涨，很可能增加一笔不小的开支。

（52.提出假说）

中居：好的，我们还有一两分钟的时间，所以我就来总结一下。总的来说，作为前提设定，我们把问题的重点放在了盂兰盆节和黄金周等节假日时期，这段时期的拥挤情况是最为突出的。接下来，对于拥挤的定义，我们将其分为了宏观上的拥挤和微观上的拥挤，前者是园区里游客整体的拥挤状况，后者是一时的或局部的人群不均衡的现象。而至于解决拥挤的制约因素，考虑到旺季时游客已经多到要限制入园人数的地步，所以我们把解决方向定在了控制宏观上的拥挤中的入园人数上面。这是一个我稍微觉得难以"agree"的地方。我又在模仿木村了。（笑）而关于对策，我们决定大胆地采用酒店、机票等的营销模式，让价格根据需求而变化，或限制每天的入园人数。这样总结可以吗？

(53. 总结共识)

吉永： 看起来总结得很好，我们让中居进行汇报怎么样？

(54. 管理进度)

（木村有些不满意，但其他人都点头表示同意）

小组讨论之后该做什么？

堀北： 好的，时间差不多了。那么，由中居来作汇报，是吧？整个讨论的过程我已经看到了，就请你做一个简短的总结吧。

（中居熟练地进行了汇报。不愧是作为抄写员在白板上记录下了讨论的内容，并在最后对讨论进行了总结的人，她在汇报中的表述也十分简单明了）

堀北： 好的，谢谢你。接下来，我就在内容方面给大家一点反馈。嗯，我听到了许多天马行空的创意，这值得赞赏。虽然过程中出现了很多分散的观点，我还一度担心你们会偏离主题，还好最后总算是达成了共识。不过，仅仅把讨论内容梳理清楚是不够的。一些来咨询公司面试的学生，在"通过框架实现导图化"之类的书中学习了太多的内容，过于注重框架整理，这一点在今后多加注意就没问题了。虽说因人而异，但在许多情况下，我们还是更看重你们的具有学生特色的创意，以及在小组中的优秀表现。

（听了这番话，大家仿佛松了一口气。）

堀北：接下来，在内容方面，我认为你们把拥挤分为宏观上的拥挤和微观上的拥挤的思路是好的，但是把重点放在解决宏观上的拥挤的理由上有点勉强。在这里就有点陷入争论了。我想最严重的拥挤现象，并不是发生在游客在园区里的移动过程中，而是发生在热门游乐设施和餐厅的长时间的等待过程中。你们大概可以从调查和采访中发现这一点。这样一来，就可以瞄准"差别定价"的方向，比如对热门游乐设施和餐馆收取额外的费用，或者反向操作，出售价格优惠但不能乘坐热门游乐设施的通行证。或者，正如中居同学所提到的，游乐设施和餐馆本身可以实行配额制，让游客在前一天进行网络预订。此外，将等待时间等信息共享给游客，也是一个不错的想法。最后，无论是宏观还是微观，控制需求的方法都有以下三种：差别定价、配额制和信息公开。

木村：呃，对不起，我想我们的结论是有两种方法，也就是宏观上的差别定价和配额制，但为什么还要加上信息公开呢？

堀北：我只是这样总结了一下，其实是想让你们自己动脑想一想。（笑）比如说，如果可以根据季节、星期几、天气等因素提前预测游客的数量，那么就可以掌握园区拥挤的程度。如果将这些拥挤情况的预测信息发布在网站上，那么大学生等能够灵活安排时间的群体，就可以把游园日程安排到人没有那么多的非高峰期里。嗯，下一组面试者快要到了，那么这次的小组讨论就到此为止吧。请把你们手里的笔记留下。谢谢大家。

对每个考生的点评

各位读者，你们有什么感想呢？仅仅从纸面上的故事来判断"力量平衡"等情况是有局限性的，所以我在这里只针对每个考生进行评价。同时，如果你也能反思一下自己的日常交流，并将框架应用到其中，可能会有所获益。

首先，由笔者来给这个小组讨论中的54个发言逐一打个分，小组讨论

表8-1 小组讨论记录和计分表

	分数	发言序号	1	2	3	4	5	6	7	8	9	10
		发言者	中居	中居	香取	草薙	木村	中居	中居	木村	木村	吉永
内容分	10	引导员	5	5				6		8		
	6	供给者				1					5	4
	2	观众										1
协调分	5	协调员					5		3			
	3	助言者			1					1		
	1	编辑							1			
		内容总分	5	5		1		6		13	5	
		内容表决	可	可	否		可			可	可	
		可交付成果的累积价值	5	10	10	10	10	16	16	16	29	34

	分数	发言序号	28	29	30	31	32	33	34	35	36	37
		发言者	木村	吉永	中居	稻垣	木村	中居	香取	吉永	中居	香取
内容分	10	引导员	8		8		4					
	6	供给者		3					2			2
	2	观众				1				2		
协调分	5	协调员						3	4			
	3	助言者							1		2	
	1	编辑										
		内容总分	8	3	8	1	4		2	2		2
		内容表决	可	可	否	否	可		否	可		否
		可交付成果的累积价值	73	76	76	76	80	80	80	82	82	82

表8-2 小组讨论评价表

		考生						共计
		木村	中居	吉永	香取	草薙	稻垣	
发言情况	发言次数(次)	11	17	10	6	4	6	54
内容分 (硬性层面)	引导员	27	27	6	0	0	0	60
	供给者	18	12	10	14	6	3	63
	观众	2	0	5	0	1	5	13
	内容分	47	39	21	14	7	8	136
	内容分(通过)	36	31	21	10	6	6	110
	贡献份额(硬性)	33%	28%	19%	9%	5%	5%	100%
协调分 (软性层面)	协调员	13	7	9	0	3	0	32
	助言者	0	6	0	1	0	2	9
	编辑	0	6	2	0	0	0	8
	协调分	13	19	11	1	3	2	49
	贡献份额(软性)	27%	39%	22%	2%	6%	4%	100%
总价值	贡献度(内容分+协调分)	60	58	32	15	10	10	185
	贡献份额(合计)	32%	31%	17%	8%	6%	6%	100%
发言质量	发言品质	5.5	3.4	3.2	2.5	2.5	1.7	3.4

11	12	13	14	15	16	17	18	19	20	21	22	23	24	25	26	27
中居	稻垣	木村	中居	草薙	木村	中居	香取	中居	吉永	中居	中居	稻垣	草薙	香取	吉永	木村
											9					7
		3		3			4				5		2	2		4
	1											1				
		2			3									3		3
1			1				1		1	1	1				1	
	1	3		3			4				14	1	2	2		11
	否	可		可			可				可	可	可	可		否
34	34	37	37	40	40	40	44	44	44	44	58	59	61	63	63	63

38	39	40	41	42	43	44	45	46	47	48	49	50	51	52	53	54
木村	中居	木村	中居	木村	吉永	稻垣	木村	吉永	中居	草薙	香取	稻垣	吉永	稻垣	中居	吉永
			0													
			2				6		5		4		3	3		
2	0							2		1		2				
			0		4											2
					2										2	
2	0		2		0		6	2	5	1	4	2	3	3		
可	可		可		可		可	可	可	可	可	可	可	可		
84	84	84	65	65	65	84	90	92	97	98	102	104	107	110	110	110

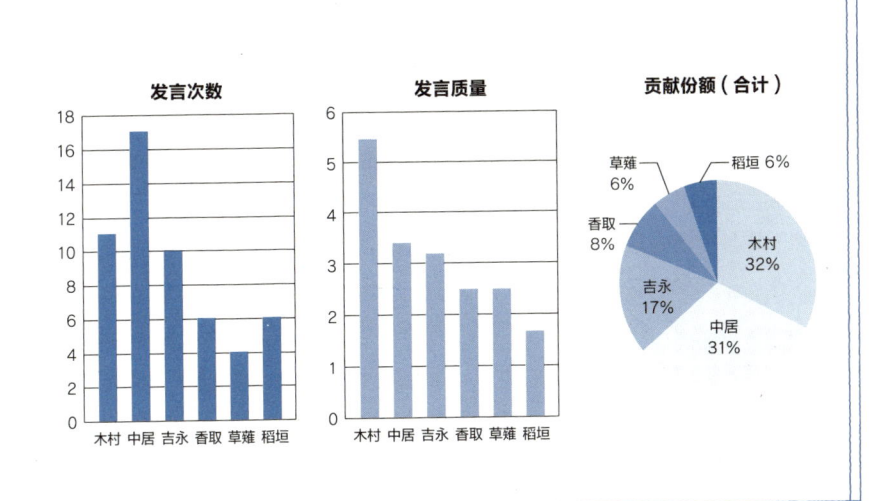

发言次数

发言质量

贡献份额（合计）

草薙 6%
稻垣 6%
香取 8%
木村 32%
吉永 17%
中居 31%

Chapter 8 直击小组讨论现场

的记录和计分表见下页。至于发言的时间，由于这是笔者想象出来的故事，发言时间不详，所以就不具体说明了。然后，在纪录和计分表的基础上，自动计算出小组讨论评价表。关于小组讨论数值评价的更多细节，可在本书最后的附录中找到。感兴趣的读者，可以结合附录一起阅读。

现在我将根据本书中出现的框架，结合小组讨论评价表来评价一下每个考生的表现。

首先，木村的主要贡献在于他扮演了引导员的角色，从一开始就提出了一个宏观上的拥挤和微观上的拥挤的大的框架。他还扮演了供给者的角色，提出了最终的方案，以及担当观众，对其他人的意见进行了"吐槽"，从而在内容层面作出了重大贡献。他还作为管理进度的协调员发挥了积极作用，一共得到了13分。不过，他有一个夹杂使用英语的习惯，显示出了"怪人"中的"英语星人"的一面（见第124页）。这可能是他在感性和情绪上与中居产生冲突的一个原因。总的来说，他的发言质量从头到尾都很高，最终作出了32%的贡献，保持了领导者地位。

接下来是中居，她一开始也坚定地表达了自己的意见，也充当助言者提起话题，并作为编辑在白板上总结了意见，在协调层面作出的贡献占了39%的份额。特别是，尽管她自己坚持从解决微观上的拥挤的角度思考问题，但最后还是爽快地让步于主张解决宏观上的拥挤的木村，而不是进行长时间的争论，从而避免了讨论的拖延，这种协调员的作用也值得赞扬。虽然她的个性相当独特，但无论从发言质量还是贡献来看，水平都与木村不相上下，尤其是担任控场人的时候，她的发言次数很突出。她的贡献率为31%，与木村非常接近，两个人都扮演了领导者的角色。小组前两名共发表了28次意见，贡献份额共占63%，合起来超过了半数。

接下来是主角吉永，虽然居于小组前两名的木村和中居之下，但也作为供给者作出了切实的贡献。他是一个稳扎稳打型的考生，提出的内容虽然只得到21分，但每项都是通过的。他的另一个主要贡献是，当香取和草薙开始提出一连串的想法，讨论即将进入全面混乱的状态时，他作为"编辑"，提示这两个人的想法其实都可以归结到木村的框架中，使讨论实现了趋同。在协调层面，他也在一些地方发挥了积极作用，比如督促缩小瓶颈，减少制约因素，推荐中居作汇报等。虽然在发言的质量和次数方面都略逊于木村和中居，但最终也能占据17%的贡献份额，仅次于前两名，可以说是一个优秀的挑战者。这三个人正好占了总贡献份额的80%。

第四位是香取，他是一个供给者，只是接连不断地快速提出了自己的观点。他试图一开始就提出方案，但被木村阻止了，不过这种提供观点作为第一版方案的积极态度，在一定程度上值得赞赏。事实上，木村的最终方案是建立在香取发言的基础上的。但是不可否认的是，从他只在内容层面上负责了供给者的角色可以看出，他的发言风格模糊不清，容易使讨论跑题，如果他还能担当其他角色定位，比如观众等，考官对他的评价会更高。因此，他的贡献份额只占8%，排在第四位。

而第五位考生草薙也作为供给者贡献了想法，但也许由于对命题有些不熟悉，她只发言了4次，而且她的想法是独立的，与前后的发言并没有产生联系。不过，她作为一个协调员，对稻垣打断思路的评论进行了坦率的告诫，这是值得赞扬的。最后，她的发言质量与香取相当，贡献份额占6%。

最后是稻垣，他充当了观众的角色，通过对讨论进行尖锐的"吐槽"来加深大家的思考。他作出的一个优秀的贡献是，提出了"如何在不损失营业额的情况下减少游客人数"的问题，从而启发了木村。不过，在讨论的前期阶段，他一直在泼冷水，又不拿出对策，只能在"否决"的路上越走越远，不断提出激进的评论，所以有点类似于"怪人"中的"批评家"（见第123页）。他的发言质量相当低，因此，他的贡献度与草薙的相当，都是6%。

像这样，在考虑到软性层面和硬性层面两方面的定位，以及协作机制的情况下，就可以容易和准确地对每个面试者的表现作出评价，而不用再进一步去量化。

Chapter 9 破坏讨论的"怪人"们

我将日常集体交流中容易遇到的，阻碍讨论顺利进行的人称为"怪人"。在最后的第九章，我总结了这些"怪人"的特点，以及对付他们的方法。不过更重要的是，我们要意识到"怪人"并不是指某种特殊的人，任何人都可能在不知不觉中陷入某种另类的交流怪圈中。希望以下的总结，能为你我都提个醒。

什么是"怪人"？

在小组讨论中，经常会出现一些"怪人"。这里的"怪人"，是指那些言行以自我为中心、经常与周围的人发生冲突、阻碍讨论顺利进行的考生。一个"怪人"出现后，为了应付他，会耗费其他人大量的精力，从而影响到最终成果的质量。通常情况下考生的数量越多，"怪人"存在的比率就越高，讨论越容易受到"怪人"行为的影响，想要控制局面的人的负担就越重，从而增加了小组讨论垮掉的概率。因此，为了避免连带损失，有必要制定一些危机管理措施。

不过更重要的是，我们要意识到，如果不保持冷静和清醒，任何人都有可能变成一个"怪人"。固执己见的人，在有了小组讨论的经验后，可能会在不知不觉中变成一个"毁灭者"；有的人遇到了不擅长的话题，可能自然而然地变成了一个"沉默者"。或许你会认为，自己绝对不可能变成别人眼中的"怪人"，但其实每个人都需要不断地自省自查，来避免在不知不觉中变成一个"怪人"。

在面试选拔中的小组讨论里，考生是随机分配的，所以每个人都有一定的概率遇到"怪人"。在小组讨论结束后，我们经常会听到诸如"那家伙相当麻烦"等针对某个"怪人"考生的抱怨。我非常理解这种感觉,但抱怨并不能解决任何问题,多说无益。在真实的职场中,基本上你不能选择和谁一起工作,即使在模拟职场的面试选拔中的小组讨论里,考查的也是在一开始队友就是随机的情况下,你能够贡献多少价值。类似在麻将比赛中,选手抓到的牌都是随机的,运气成分很高,所以没有任何一个一流的麻将选手会抱怨初始牌分配得不好。本质上讲,麻将是在给定的牌组下进行的风险管理的竞技类游戏,从这个意义上来说,小组讨论类似于打麻将。

如果大家都很清楚某个人是一个"怪人",面试官也意识到了这种紧急的情况,为了公平起见,你或许可以请面试官在评价时手下留情。不过,反过来说,你也可以将其看作是一个展现自己调解冲突能力的绝佳机会。

经常出现的几种"怪人"的类型

以下是笔者根据自己的经验,以及从其他途径听说的一些小组讨论案例中,总结出来的几种"怪人"的类型。当然,场上会出现一些非常有个性的人物,也会出现很多不能被某种模式所定义的考生。小组讨论是认识不同类型的人的难得的舞台,可以体验到与不同性格的人打交道的乐趣。

最后,我还想再赘述一遍,如果不注意的话,任何人都可能变成"怪人",成为令人失望的队友。本着"以人为镜"的精神,我希望你能把这些"怪人"当成反面教材,来时刻提醒自己。

毁灭者

这是一种喜欢以自我为中心、好斗成性的考生。他们的行为与一般的社会常识格格不入,往往会给小组讨论带来混乱,有时甚至会危及自己的生存空间。即使有人试图让他们平静下来,也可能反过来被他们吓倒。在最坏的情况下,没有人能够

阻止他们，小组讨论会直接垮掉，面试官甚至会无聊得开始拆圆珠笔。此外，毁灭者可分为以下两种类型：

暴君型

这类考生，往往会独立提交方案，自行通过决议，并且几乎是独断专行地在进行讨论。乍一看，他们似乎承担了主持人或助言者的角色，但他们并没有给别人抛出话题，并会对与自己意见相左或自己不理解的发言置之不理，因此，他人的发言无法被纳入可交付成果中，讨论变得毫无意义。更有甚者，他们可能一开始就会把自己当成其他人的老板，自行掌握"人事任免权"，自顾自地分配职位，例如会对他人说："好的，就是你了，你来当抄写员"。在"毁灭者"中，他们属于会让讨论变得越来越片面的"暴君型"考生。

顽固老爹型

这类考生往往会认为自己的观点是绝对正确的，就算其他人已经达成了共识并想要说服他，他也会固执己见，坚决不认同。性格更糟糕一点的人，还会将已经达成共识的事项重新提出来，发表一番"我还是觉得如何如何"的言论，并要求重新讨论。在最糟糕的情况下，他们会朝所有人发脾气并要求从头讨论。他们固执己见的原因可能在于，害怕自己在思考阶段深思熟虑、提前准备好的内容储备用不上，所以就拼命地抵制他人的观点，想让"辩论赛"变成自己的主场。在"毁灭者"中，他们属于妨碍讨论进展的阻挠型考生。

"暴君型"考生，喜欢强行推进讨论的发展，类似于"执政党"；而"顽固老爹型"考生，喜欢用固执的反对来阻挠讨论的发展，类似于"在野党"。

对付这类考生的方法，是向周围的考生使眼色，暗中结盟，建立统一战线。具体来说，当你自己与他们进行唇枪舌剑的对抗时，就暗示其他考生在一旁为你帮腔。或者如果某个盟友受到攻击，你自己的"安全"也受到威胁时，从保护同盟利益的角度出发，你应该也向他们伸出援手。像这样，与周围的人结成"统一会派"[1]，就能够对毁灭者形成围攻之势。

---

[1] 统一会派：在议会中统一行动的"会派（党派）"，如果是由几个政党或团体组成，则称为"统一会派"。

最后，与实质性的多数决原则（即少数服从多数）一样，如果团体选票（组织票）已经固定的话，决议就会强制通过。诚然，小组讨论的理想形态是全体达成一致的共识，而非执行多数决定原则，但这也不代表有人能掌握否决权。

如果"毁灭者"过于咄咄逼人，任何抵抗的迹象都可能收到威胁性的眼神或脸色，那么通过感谢对方的贡献或先承认其内容的价值，再提出你的意见，或许可以在一定程度上缓解这种反应。比如，可以对"暴君型"的人说："感谢你把讨论向前推进，但似乎目前的产出并没有反映出每个人的意见，那么我们为什么不多听听大家的意见，再把讨论向前推进呢？"或者可以对"顽固老爹型"的人说："你说的确实有道理，但时间有限，其他人的观点已经达成了一致，那么我们就先朝着这个方向前进，好吗？"

打瞌睡的船长

与一般咄咄逼人的"毁灭者"相比，这类考生是相当和气的，不过他们虽然在形式上担任了控场人的角色，但在实际中却未能发挥作用。典型的情况是，这种考生会自告奋勇地要求担任主持人，到头来却中途无法跟上讨论，或者在讨论情况变得复杂时选择默不作声。结果是，他们一直占据着白板前的位子，虽然很别扭，但却赖着不走，主持人角色的职责没有得到切实履行，阻碍了讨论的顺利进行。

对付这类考生的办法，是不动声色地发动"政变"。从空间上取代其位置，完成事实上的角色交替。由于这类考生比较好说话，因此几乎不会遭到"毁灭者"的那种恐吓的风险。通过"不流血的革命"，尽早接管所有的实权吧。如果讨论能因此继续顺利进行下去，你会得到其他人暗暗的赞赏。

逻辑怪

这类考生往往会过度关注逻辑，滥用框架和逻辑树等思维工具。我最近听说了一个案例：在别人提出一个争论点或想法后，这个"逻辑怪"就用一句话——"这违背了'不重叠、不遗漏'的法则"，而将几乎所有的意见都否决了。由于过度关注逻辑，以至于讨论根本没有进展，最后造成了灾难性的结果。

需要注意的是，如果不结合前后发言的语境、不分场合地使用框架，就会显得非常奇怪。我非常明白这些人在阅读商业书籍后，想用学到的框架一试身手的心情，但我认为将其停留在与朋友练习或自己练习的阶段会更安全。如果不认真听取前后的发言而反复使用花哨的框架，在面试官看来你就会像是思维停滞了，评分反而会下降。

另外，有时使用了一个复杂的框架，也就代表着你默认愿意接受与正式员工同等水平的评价标准。使用一个先进的框架，看起来你就像是在炫耀自己与正式员工是同一水平，主动要求接受这种专业标准上的评价，这样很容易让人反感，觉得你是一个嚣张的家伙。

同一类型的还包括那些无论什么概念都要定义的人，即使这个概念每个人都懂；无论什么问题都要进行费米推论的人；习惯性地马上就开始做因式分解的人。还有一种常见的具有"工匠精神"但太过追求细节的人，在绘制逻辑树的时候，总愿意写得特别详细，而且会越写越起劲，甚至会让逻辑树"过于详细，到了让人看不懂的地步"。根据经验，当逻辑树的分支达到三层以上时，会迅速失去说服力，难以帮助人们达成共识。在一个人练习时尝试绘制一下详细的逻辑树或许没有什么坏处，可以为个人积累学习经验，但如果是在小组讨论这种公开的场合，这样做就会引起其他人的反感。

非必要的下定义、费米推论、因式分解和绘制逻辑树只会增加工作量，往往导致还没有达成任何实质性的共识，时间就消耗完了。

对付这类考生的办法，是尊重他们对逻辑的执着，同时劝说他们控制自己的冲动，比如："我们的时间有限，如果太注重逻辑，大家就会跟不上你（逻辑怪才）的思路，讨论也不会有进展，所以我们在这里不用太执着，只表达出自己的意见就好。"

批评家

这类考生只擅长批判性的分析和评论，而不会生产内容以作为重要的替代方案。如果你提出了一个假设，这些人非常善于举出一大堆反例，仿佛这是他们的一种思维习惯。他们往往主要担任观众的角色，并在评价内容部分提出极其无益的负面评论；或者在整理内容部分，试图用没有什么意义的轴线来进行整理，反而扰乱了全局；或者喜欢炫耀自己的知识量或掌握的冷知识，如"顺便说一句……"或"众所周知……"插入大量无用话语。

对付这类考生的办法，是心平气和地提醒他注意只批评却不给对策的态度不利于讨论，比如："如果只有批评，讨论是不会有任何进展的，还是让我们一起朝着改进的方向来思考对策吧。"或者从一开始就用规则或议事规程来约束每个人的发言，如以"特别是在提出观点的阶段，大家先不进行批判"等类似话语告知所有人。

演说家

这类考生喜欢自说自话，且不听别人说话。这些人每次的发言时长平均下来，甚至超过了1分钟。尽管时间有限，但他们还是会不自觉地侵占其他人的发言时间。如果用足球比赛来打比方，他们就好比是那种喜欢自己带球完成射门，完全不把球传给其他球员的队员。

此外，我们通常在说话时都应该断句，比如："因为什么是什么，所以会造成什么情况。"但有些人在讲话时不加标点，这使得他们的发言过分冗长，显得非常啰唆，让人难以明白他们所说的内容。这样的人往往最后连自己都搞不清楚自己想要说什么，完全没有了条理。

对付这类考生的办法，也是心平气和地提醒他们控制一下，比如："我大体上同意你说的话，但你说得时间太长了，后面的人发言时间不够了，所以请你注意一下好吗？"

英语星人

这类考生喜欢大量使用英语甚至英文商业术语。这种类型的人常常是外企的年轻员工或有志于进入外企的求职者、在西方国家留过学的人或是读了太多商业书籍而雄心勃勃的人。虽然在谈话中偶尔使用一些英语会显得很洋气，但如果使用得太频繁，就会让其他人听起来很别扭，妨碍沟通的顺畅。

要想在说话中掺杂英文商业术语而没有违和感，需要具备相应的社会经验和工作经验。在真实职场中，新员工使用这些词会显得很尴尬，但这些词从具有10年或20年资历的管理级别的人员口中说出来的时候，可能就显得很自然。由于需要用英语处理的工作不断增加，头脑进入英语模式的人，在说话时会自动地冒出一些英语让话语更精炼。但如果是求职中的应届生，说话时也不断地掺杂英语，掌握不好的话，就会让他人听起来就像你是在模仿某些搞笑艺人，玩混用语言说话的"梗"。不过，

如果是一些简单的、为人所熟知的英语单词，只要注意使用的频率，可能从应届生口中说出来，也不会显得太过不妥。

作为参考，我们把小组讨论中一些常见的例子，与搞笑艺人所玩的混用语言"梗"做一个比较。二者在感觉上初看有些相似，但如果你仔细读一下，结果会如何呢？

在小组讨论中常见的例子：

"在这个问题上，我很难agree。"（agree：同意、赞成）

"这个内容对用户来说，no value（没有价值）。"（No value：没有价值）

"使用这样的定位，会与现有的业务cannibal。"（cannibal：内部竞争，专有名词cannibalization "同类相残、产品冲突"的变形）

搞笑艺人的混用语言"梗"

"这个innocent（简单纯粹）的story（故事），一下子触动了我这个纯洁boy（男孩）的内心，让我感动得一塌糊涂。"

"在exploration（经历）中grow up（成长），是我的philosophy（处世哲学）。"

"所谓人生，本来就是有mountain（高山）也有valley（低谷）。"

与"英语星人"类似的还有一种人，他们喜欢滥用抽象的词，如"最大化存在感""创造价值"和"给自己加杠杆"。这些有力的词句确实可以引起共鸣，但我们也见过有一些过于自我的人，把这些话当成了口头禅。

另外，还有些人喜欢大量使用副词或前缀，如"相当地""了不得""太乱来了"和"拿出真本事"等；或是大量使用日常口语甚至网络流行语，显得莫名自信。此外，更有一些人，喜欢将这些词与抽象的词组合在一起使用，比如"拿出真本事创造价值""给自己加一个了不得的杠杆"，等等。热火朝天地讨论并没有问题，但最好不要使用内容空洞的修饰语，因为它们听起来会让人觉得你很轻佻和浮躁；为了让自己看上去不紧张，而故意用自己平日里的说话方式，反而会在所有人都穿着正装的小组讨论中，显得格格不入。

还有一种类似的考生，可能出于"职业病"的原因，他们会使用大量的专业术语。例如许多平时都在高度专业化领域学习或工作的人，像在法学院每天使用高级法律术语的人，或从事IT或金融行业的人，都可能在讨论中使用许多只有他们自己才熟悉的专业名词。

如果你平时就生活在一个充满了专业术语的环境中，搞不好你的词汇库往往会在不知不觉中染上这些行话。在这种情况下，你有必要偶尔自我反思一下，自己的语言系统在一般情况下是否可以被接受。不过，对于如《日经新闻》中经常出现的那种基本的商业和经济术语，如经济学、战略理论、市场营销、会计、金融、信息技术等，只要以自然的方式和频率使用，就不会产生负面作用。

对付这类考生时，可以装作一脸无知地问他："对不起，'agree'（或其他英语、专业术语）是什么意思呢？"，这样可能会让他们收敛一些。

吉祥物

这类考生一发言就容易偏离主题，使讨论脱离正轨，或者只会简单地发表自己的感想或感受，比如"这个想法很有趣"或者"这个方法不太行"。在多数情况下，这种人头脑比较简单、性格单纯善良，所以不太惹人厌恶，但因为他们发言的方向总是会跑偏，需要花时间来纠正，所以他们也算是一种"怪人"。

应对的方法是，先赞同对方的发言，然后守住眼前的争论点，比如："你的意见很有道理，但我们现在正在谈论某某问题，所以你说的问题我们等一下再谈，好吗？"

沉默者

与"演说家"正好相反,他们是一类在讨论中完全不说话的人。他们虽然不会对讨论造成直接的损害,但是大家必须花精力关照他们,比如主持人要带动他们发言,确认他们是否跟上讨论,所以也等于间接拖累了整个小组。沉默的原因可能是他们真的没有跟上讨论;或是性格比较害羞,不习惯发言;或是有顾虑或戒心,在非面试选拔的会议上闭口不谈与自己利益无关的事。

应对这种"怪人"的方法是充当助言者,适当地向他们抛出问题,鼓励他们参与讨论。或许你会觉得让他们自己待着就好,但是有沉默不语的人存在,会破坏现场的整体感和气氛,所以还是应该尽可能地让"沉默者"们作为小组的一员参与到讨论中来。根据对方的专业领域,请他们提供最新的信息或判断可能是最容易的话题,例如,"这在法律上是否违法?"或者"在生命科学领域有哪些例子?"。在综艺节目中,也经常会邀请一些专家和学者做嘉宾,然后由主持人向他们提出类似的问题。

以上就是关于各种类型"怪人"的说明。在观察别人的行为后,也让我们来反思自己的沟通习惯,并引以为戒吧!

结语

对于这本深入讲解小组讨论的书,有多少读者是从头看到了这里的呢?书中介绍了许多应用于集体交流场景的框架,希望能够让你对小组讨论有一个清晰的认识。每当我在现实世界中发现各式各样、离奇复杂的小组讨论的场面时,就意识到这本书的框架仍有许多模糊的地方。毕竟,像小组讨论这样充满戏剧性的人类活动,就算掰开了、揉碎了,也是无法完全搞清楚的。

此外,虽然听起来与前言中的豪言壮语相矛盾,但是不能指望这一本书就能涵盖广泛意义上的小组讨论的所有实践方法。无论如何,我希望你在通读本书后,当你在面试场上受到打击或疲惫时,能够把它作为一个契机,总结自己的经验,在日常实践中获得独到的见解。从这个意义上来说,我希望这本书至少能够扮演一个引导员的角色,在集体智识生产,即人与人之间的合作方面提供一些议题。

尽管如此,在本书中,关于合作的理念、框架和方法,在很大程度上还没有被顾及,如果每个人都能多注意一点,现实中讨论的效率就会一举提高。事实上,在我们学校的小组研讨会上,我看到成员们在练习小组讨论的过程中,仅仅在学习过三个讨论方法——"在一开始就设定详细的前提条件""花一些时间思考,然后每个人依次与大家分享""避免创意大赛,而是要使讨论结构化"——之后,互不相识的学生之间讨论的效率也会有飞跃性的进步。我相信,如果你能认识到价值的提供方式有多种类型,有硬性和软性两个层面,以及它们组合的机制,就可以让讨论更加充实。

在个人电脑广泛被应用于文书工作后的大约20年里,诸如关于如何写电子邮件、如何使用电子课件演讲等技巧,已经有了许多商业书籍和内部培训课程,基本实现了思维方式和具体做法的标准化。与此相比,集体智识生产，即通过集体合作创造理念和方法的模式，仍未得到充分发展，尽管它一直都是我们工作的一个重要组成部分。我相信，如果像本书中这样，大家一起共享框架，各种日常讨论将会变得更加高效和有创意。

最后，再进一步说，有点遗憾的是，能够评估面试者合作能力的，只有各企业举行的面试选拔小组讨论这一个模式。如果有一个类似竞赛的机制，让学生以积极正面的方式在合作技能方面进行竞争，或许能够引起公众对讨论方法和效率的关注。我相信这对许多人来说也是一个很好的训练场地，可以帮助他们提前做好准备，以便将来能够运用逻辑和事实，与各种人公平地交涉。

我想借此机会大胆地提出一个建议：可以设立一个名为"全国学生小组讨论锦标赛"（暂定名）的比赛如何？任何学生都可以免费参加，它将像世界杯足球赛一样，有预选联赛和决赛，参赛的学生随机分组，进行一系列像小组讨论那样的即兴讨论。如果有大量的学生参与，经过几轮淘汰赛后，晋级的佼佼们之间一定会带来一些非常精彩的讨论，为学生们提供展示自己和结识优秀同龄人的平台。主办方可以邀请希望招收优秀学生的公司来当赞助商，对于企业来说，赞助的回报就是可以在观察多场小组讨论后优先与优秀的学生进行就业洽谈。从现实角度来看，这种方式可能会更有效率，因为更多的学生可以分成多个小组同时进行讨论，以替代公司内部的小型面试选拔。

理想情况下，半决赛和决赛的小组讨论可以在电视台或网络直播平台进行直播，这样其他的学生就也能够看到同龄人中的这些了不起的辩论者，对其他学生来说也是一种激励。

如果有一个舞台可以让年轻人享受到学习小组讨论的乐趣，在技能上进行比拼，并且有明确的激励机制，如有进入大公司的机会等，那么我相信，年轻人对合作能力的重视程度会逐渐提高。我也相信，在这里获得的技能也可以为年轻走出国门，在现实社会的实践中提高整个国家的国际影响力作出贡献。

在本书的最后，我想借此机会感谢木本笃茂先生、福岛和矢先生、高桥雄一先生和绪方良辅先生，他们从读者的角度对书稿的每一部分都提出了极为准确的意见和建议。同时我要感谢每一位前来参加研讨会的朋友。我还要感谢东洋经济新报社的桑原哲也先生，从前两本书开始，他一直给了我很大的帮助和支持。感谢他在发出了珍贵的邀约后，对于我一再拖延的稿件，耐心等待了三年多，并对我的反复修改和任性给予了包容。最后，我想感谢所有花时间阅读这本书的读者朋友们，感谢你们对这本书呆子气十足的书的认可，非常感谢。

吉田雅裕

附录 A

通过数据对小组讨论进行评价

在本书的几乎所有讨论中,我们都使用了定性的框架,如用角色定位和力量平衡来表现小组讨论的过程。在附录中,作为拔高的内容,我们将调动之前所有的框架,来挑战一下对小组讨论进行量化评价。从某种程度上说,这将是一个建立"小组讨论数据评价系统"的尝试。它能让诸如考生的贡献和可交付成果的进展等概念可视化,变得一目了然。无论是否在实际中运用,只要时刻牢记这个系统,我们就能进一步加深对现有框架的理解,并从第三方角度分析小组讨论。这部分内容属于拔高篇,所以如果你对此不感兴趣,可以直接跳过。

量化评价指标的动机

现如今,数据管理正在体育界急速发挥着作用。迈克尔·刘易斯所著的世界知名畅销书《点球成金》,讲述了美国职业棒球大联盟的一支弱队——奥克兰运动家队,尝试用一种独特的数据指标来评估其球员的表现,并在比赛的构建中充分运用这些指标的故事。这种方法让全队身价只有纽约洋基队总年薪三分之一左右的奥克兰运动家队,在2002年取得了所有球队中最高的胜率。棒球是一项很容易用数字记录成绩的运动:对外场手来说,需要记录上垒率、长打率、打点和得分圈打击率;对投手来说,需要记录防守率、夺三振的次数、四坏球的次数和被长打率。

数据管理的应用,在足球领域也变得越来越广泛。在日本国家队的比赛和日本职业足球甲级联赛中,由专门的数据分析公司通过球员进球数、球员助攻数、球队传球成功率和控球率等指标来评价比赛和构建下一场比赛,似乎已经成为主流。

正如我在本书中多次强调的那样，小组讨论是一项以集体达成共识为目标的智力型比赛。所以，我编写附录背后的动机，就是如果棒球和足球比赛可以用数据进行分析，那么为什么小组讨论不能呢？

有句话说得好——"无法衡量的事物就无法改进"，所以反向思考的话，如果小组讨论可以进行量化评价，那么每个考生的表现就能获得极大的改善。就像在参加了国际交流英语考试等外语能力测试后，你会收到一份详细的评分表，它将有助于你找出自己的弱点，并在以后的学习中加以改进。或者你参加了体检，医生会把各种数据返回给你，这样你就可以根据这些数据来制定对策，让身体更健康。例如，如果你的血糖高，就应该少喝碳酸饮料；如果你的胆固醇高，就应该少吃油炸食物和肉类。像这样，小组讨论的评价数据也应该可以为你反思自己的表现和制定提高对策提供坚实的基础。

从这个意义上讲，笔者认为，对于可以量化的内容，就应该尽数将其量化。许多人在参与小组讨论后，往往会自我感觉良好，甚至有些膨胀，产生诸如"我觉得我今天很活跃"的想法，但通过量化，可以有一个明确的主轴来衡量自己的表现，如"我以什么标准，作出了多大程度上的贡献"。

采集录入数据

接下来，为了对小组讨论进行分析，必须采集每个考生发言的数据。在这里，第一步是记录谁发言，以什么顺序发言，即发言者的数据。如果可能的话，我们可以使用秒表来统计每个人每次发言的时间。

此外，根据第四章和第五章的框架，对于每一个发言，评价可以分为内容层面的硬性贡献，或者协调层面的软性贡献。就像花样滑冰比赛中的评分，分为技术分和表现分一样，我们在这里也把考生的评分分为"内容分"和"协调分"。就内容分而言，有三个更详细的角色定位的标准：引导员、供给者和观众，而就协调分而言，也有三个更详细的角色定位的标准：协调员、助言者和编辑。

作为初始准备，应该对六项定位中的每一项都设定一个最高分，作为评分的标准。这里也借鉴了花样滑冰比赛的评分方法，即一个动作越难，得分就越高，比如四周跳要比三周跳的得分高。由于打分取决于评分者对小组讨论观念的认知，所以主观的成分很大，这里我把最高分的评分标准设定为了"内容分"是"协调分"的两倍。这是因为，与讨论结果直接相关的内容才是最重要的，而协调活动在顺利生产和整合过程中更多的是在起支持作用。

具体来说，在"内容分"方面，引导员的最高分为10分，供给者的最高分为6分，观众的最高分为2分；而在"协调分"方面，协调员的最高分为5分，助言者的最高分为3分，编辑的最高分为1分。

<u>打分者对每个发言有什么价值进行判断，并逐一打分。</u>即使是应该属于评判"内容分"的发言，有时也存在一个以上的采分点，例如一个发言既包含争论点又包含回答，或者既包含内容又包含针对它的"吐槽"。在这种情况下，虽然有些麻烦，但我们会用一个以上的标准对该发言进行评分。当然，有时也可能有这样的情况：一个发言的采分点，同时包括"内容分"和"协调分"，比如一个人表达了自己的观点（充当供给者），也同时衡量了自己与对方的磨合程度（充当协调员）。理想情况下，我们将尽可能使用最广泛的标准进行打分，但在实践中，对每个发言进行打分时，实际上很难将"内容分"和"协调分"两方面都兼顾到，因此，着重为其中一个方向打分也是可以接受的。

根据第六章的框架，所有内容都要经过集体表决。为简单起见，我们在此假设只有两种表决结果，即"通过"和"否决"，而不纳入位于二者之间的"修正通过"。基本上，获得通过的提案占大多数，所以只需把注意力集中在有很多反对意见并最终被否决的提案上，这样更容易记录。另外，这里没有统计通过和否决所需的时间，因为通常来说所有人点头示意就代表了通过，不需要太多的时间，而另一方面，当一个建议被否决时，往往需要详细说明不同意的原因和给出其他方案，这些应该被看成是独立的发言。

以上就是打分员需要记录的数据。在足球比赛中，据说记录1场90分钟比赛的数据，即使是老手也要花上好几倍于比赛的时间。小组讨论在这方面也一样，特别是判断发言的价值需要一定的熟练度，对发言进行分类和打分有时也相当困难。不过，正如此前所述，量化分析的主要意图是提供一种数据参考，用来帮助每个考生客观地反省自己的表现，所以无法面面俱到也是可以被理解的。

记录和计分表、评价表、演变图的数据示例

表A-1 小组讨论记录和计分表

	分数	发言序号	沉默	1	2	3	4	沉默	5	6	7	8	9	10	11
		发言者		甲	乙	丙	丁		甲	乙	甲	丁	甲	乙	甲
		发言时间(秒)	180	30	20	30	30	20	15	10	20	20	10	10	20
内容分	10	引导员		9	6	5	9			8					
	6	供给者			5	3	4	5			4	5			5
	2	观众										2		2	
协调分	5	协调员										5			
	3	助言者									2	3		3	
	1	编辑							1						
		内容总分		14	9	9	14			4	8	7		2	5
		内容表决		可	可	可	可			可	可	可		可	可

	分数	发言序号	30	31	32	33	34	35	36	37	38	39	40	41	42
		发言者	甲	乙	丙	甲	乙	丙	甲	乙	甲	丙	乙	甲	丙
		发言时间(秒)	30	20	15	30	20	5	25	20	10	15	15	25	10
内容分	10	引导员				10							9		
	6	供给者	4	4		3	3		5		4	5			
	2	观众	2		1			2				2		1	2
协调分	5	协调员	5										5		
	3	助言者			3						3	2			2
	1	编辑		1					1			1			
		内容总分	6	4	1	13	3	2	5	4		7	4	9	2
		内容表决	可	可	可	可	可	可	可	否		可	可	可	可

表A-2 小组讨论评价表

		领导者	挑战者	跟随者	补缺者	共计
		考生				
		甲	乙	丙	丁	
发言情况	发言次数(次)	20	16	10	4	50
	发言时间(分钟)	8	4	2	2	16
	每次发言时间(秒)	24	15	12	30	19.2
内容分 (硬性层面)	引导员	44	6	5	9	64
	供给者	30	41	13	16	100
	观众	4	7	15	4	30
	内容分	78	54	33	29	194
	内容分(通过)	63	35	31	21	150
	贡献份额(硬性)	42%	23%	21%	14%	100%
协调分 (软性层面)	协调员	34	6	0	14	54
	助言者	20	5	11	0	36
	编辑	3	5	0	0	8
	协调分	57	16	11	14	98
	贡献份额(软性)	58%	16%	11%	14%	100%
总价值	贡献度(合计)	135	70	44	43	292
	贡献份额(内容分+协调分)	46%	24%	15%	15%	100%
发言质量	发言品质	6.8	4.4	4.4	10.8	5.8
	贡献价值/分钟	16.9	17.5	22.0	21.5	18.3

附录A

12	13	14	15	16	17	18	19	20	21	22	23	24	沉默	25	26	27	28	29	沉默
乙	丙	甲	丙	甲	乙	甲	丙	甲	乙	甲	乙	丁		乙	甲	乙	甲	丙	
10	5	10	5	10	10	25	10	10	10	40	25	30	20	15	25	10	15	15	20
										8									
3		3	4		5			3			4	6		3		4			
1	2			2		2				2		2				1		2	
								3		5	3	4			5		4		
	2	3		3		2								2			1		
						1													
4	2	3	4		2	5	2		3	10	4	8		3		5	−30	2	
可	可	可	可		可		可		否	否	否	否		否		否	否	否	

43	44	45	46	47	48	49	50
乙	甲	丙	甲	乙	丁	甲	乙
20	30	10	40	10	40	60	15
3							
		2					
			5		5	5	
	3			3			
				1			1
3		2					
可		可					

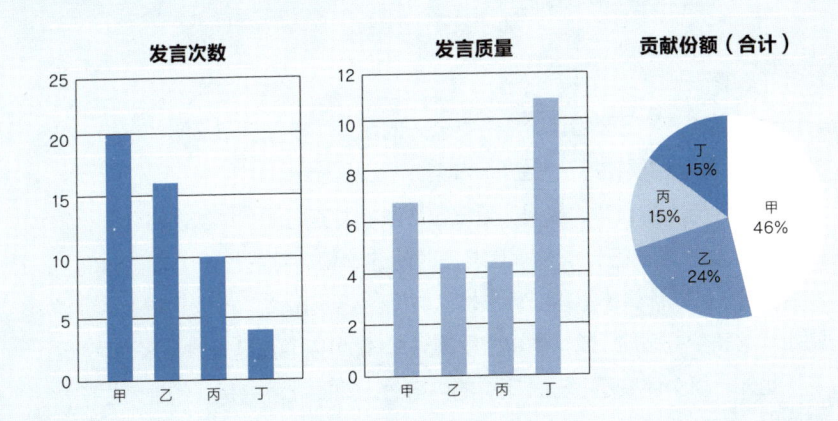

发言次数 / 发言质量 / 贡献份额（合计）：甲 46%，乙 24%，丙 15%，丁 15%

135

表A-3 小组讨论过程演变图

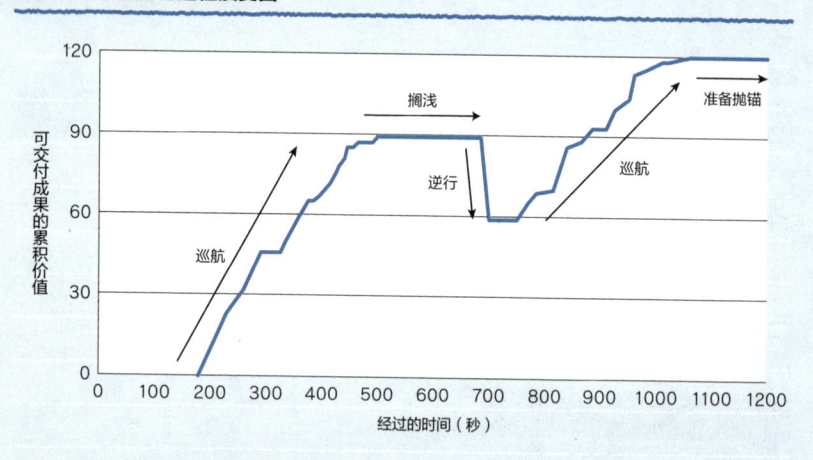

（图中标注：搁浅、逆行、巡航、巡航、准备抛锚；纵轴：可交付成果的累积价值 0-120；横轴：经过的时间（秒）0-1200）

从文字描述中很难看到一个清晰的画面，所以我将列举一些数据来具体说明：包括一个具体的小组讨论记录和计分表，一个根据该表统计出考生表现后汇总的小组讨论评价表，以及一个表现整个小组讨论交付成果演变过程的小组讨论过程演变图（参见第134页至136页后）。

为了容易理解，笔者假设了四个考生（甲、乙、丙和丁）在一个时间限制为20分钟的小组讨论中，讨论某个考题的情景，并自己编写了这些数据。下面，我就结合图表来进行讲解。

统计个人表现：方法

根据图表1"记录和计分表"中录入的数据，制成图表2的"小组讨论评价表"，统计和展现每个考生的表现。

首先，与发言有关的数据，是发言次数、发言时间和每次发言时间。发言时间是指所记录的一个人所有发言时间的总和。然后根据"发言时间÷发言次数"可以计算出平均"每次发言时间"。换句话说，<u>一些感觉上的评价，比如"这家伙好啰唆"或"他发言很简短"，都可以通过这些数据来确认</u>。

此外，表中还展示了三种定位的内容分。需要注意的是，统计考生的贡献度时，无论内容的表决结果是通过（可）还是否决（否），所有内容分都直接相加在一起；但统计最终交付成果的累积价值时，则只累加获得通过内容的内容分。这意味着，如果有人表达了一个非常好的意见，但不被其他人理解而遭到了否决，也应将其视为一种个人表现给予高度的评价。

另一方面，对于最终的交付成果，无论内容的质量是好是坏，都只有当场走完表决程序获得通过的内容，才会被计入。换句话说，对于诸如"我们从今天的讨论中收获了一些成果"这样的感想，其中的"成果"就可以用内容分的总和来衡量。

这样一来，个人对最终成果贡献的百分比，即贡献份额就一目了然了。它是你生产和发表的被通过的内容，在最终的交付成果的价值中所占的百分比。它不包括那些被否决的内容，因此，它衡量的是你提供的内容中最终被采用的部分的内容分占总体的百分比。换句话说，它能够验证诸如"我的发言在今天的会议上被采纳得最多"这样的印象。

同样，关于协调分，每个考生的价值主张也被统计了出来。通过综观内容分和协调分的总和，可以综合衡量考生的贡献度，可以看到该考生对讨论所作的贡献的百分比，这可以用来证实诸如"我是今天讨论中最积极的考生"这样的感觉。另外，这个指标相当于贡献份额，也就是第七章中描述的用来衡量领导者、挑战者、跟随者和补缺者的标准。

最后，发言质量是通过"贡献度÷发言次数"来计算的。这可以判断一个考生发言质量的高低。诸如"他每次的发言都能说到点子上"之类的评价，可以在这里得到证实。

统计个人表现：具体实例

现在，让我们根据前面给出的具体数据示例（图表2），来分析这个统计框架。在20分钟的时间限制内，一共有4分钟的沉默时间。这是由于在最初的思考时间里有3分钟的沉默时间，讨论过程中又有3处稍长的沉默时间，每次大约20秒。

首先，关于发言数量，可以看出甲、乙、丙、丁的发言次数是由多到少的。这是因为，甲不仅在讨论的内容层面作出了贡献，还在协调层面积极承担了协调员和助言者等角色。将每个人每次发言的时间加起来，就可以计算出每个人的总"发言时间"和平均"发言时间"。其中丁的特点是发言次数少，但每次发言的时间较长，平均下来能达到30秒。

接下来，让我们看看内容分。可以看出，甲主要作为引导员作出贡献（44分），而乙主要作为供给者作出贡献（41分）。此外，42%的最终成果是由甲贡献的。然而，尽管丁的发言数量只有乙的四分之一（4次），但由于其发言的质量很高，在贡献份额方面，也作出了可占14%的较大的贡献，相当于乙作出的贡献份额（23%）的六成，令人印象深刻。

再看一下协调分，我们可以看到，甲占了整个贡献份额的58%，说明这个小组讨论主要是由甲引导的。在上半场，甲负责编辑（抄写员）得到3分，而到了下半场，乙坚守在白板的位置负责编辑，得到了5分。而丁在讨论快结束时突然发言，虽然他说得比较少，但作为协调员参与了讨论的总结，获得了5分。

然后，让我们看一下发言的质量。如第137页的柱状图所示，发言质量最高的是丁。虽然他发言的次数不多，但能很好地看清场上的局势，并提供了关键性的发言，起到了参谋的作用。接下来发言质量排名第二的是甲，因为甲的大部分发言，都处在最高分相对低的协调层面，所以甲的发言质量比丁略低。再次是乙和丙。

最后，将这些内容分和协调分加起来，每个人的贡献份额又是多少呢？如第137页的饼状图所示，甲以46%的贡献率占据了压倒性的优势地位。接下来依次是乙、丙和丁。丁的特点是发言质量很高，尽管只有4次发言，却能达到与丙相同的15%的份额。如果根据第七章的框架，用"发言质量×发言次数"，衡量和区分贡献的类型，对考生进行分类，我们会发现，甲是领导者（次数多、质量高），乙是挑战者（次数多、质量低），丙是跟随者（次数少、质量低），丁是补缺者（次数少、质量高）。

综上所述，通过数据对每个发言依次评价，就能生成一个小组讨论评价表，展现出每个考生的表现。和国际交流英语考试成绩单或体检结果一样，通过分析小组讨论评价表，<u>考生就能发现自己表现中需要改进的地方，从而获得进步</u>。

统计小组表现：方法

通过数据，不仅可以统计个人表现，同时还可以统计小组的表现。

使用图表1即小组讨论记录和计分表中录入的数据，通过电子表格软件中的公式，可以自动计算出小组讨论交付成果的时间趋势，并制成第136页图表3的小组讨论过程演变图。

<u>最简单的衡量标准是将表决通过的内容的内容分相加，这相当于可交付成果的累积价值</u>。你可以看到，无论内容的质量有多高，如果它遭到其他所有人的反对，被否决，它就不会反映在可交付成果中，因此也不会被包含在累积价值中。

在讨论耗时相同的情况下，累积价值越高的小组，表现就越好。

对小组作业进行评价，可以根据可交付成果的累积价值来评判。这能使我们更容易一目了然地看到，谁的发言中哪些方面的价值得到了好评，哪个发言评分最高，从而使评价更加公平和有意义。另外，虽然发言在协调层面的价值不能被计入最终的交付成果，但我们可以看到协调发言对后续发言的内容有催化作用，比如助言者的话带动了发言，或者协调员的话打破了一系列否决导致的僵局等。

同时，每个人发言的时间也被记录了下来，以便追踪随着时间的推移，讨论发生的变化。因此，如果我们把可交付成果的累积价值设为纵轴，把经过的时间（以秒为单位）设为横轴，就可以直观地看到小组讨论可交付成果积累价值的戏剧性的演变过程。例如，<u>通过数据，我们可以看到"讨论在一开始停滞不前，但在最后关头挽回了颓势"或"讨论在上半场飞速发展，但在下半场陷入僵局"</u>等戏剧性变化。数据也可以帮助我们回顾戏剧性的转折点，比如"是否因为他当时的发言，而让讨论向前推进了"或"是否因为他的发言，才让讨论出现了停滞"等。

然而，有一个问题是，虽然我们假设通过内容的内容分加起来就是最终交付成果的价值，但实际上即使每个发言都很好，而且都被通过了，也不一定意味着整体产出就会很优秀。正如一开始所提到的，小组讨论的产出本质上是一个磨合型产品，所以最终交付成果的质量不一定是各个环节质量的简单相加。从这个意义上来说，集体交付成果价值的演变图，可能只是一个仅供参与的、用于反思讨论生产效率的图表。

统计小组表现：具体实例

接下来，我们沿用同样的实例进行讲解。在这个限时20分钟的小组讨论中，前3分钟（180秒）为思考时间，然后按ABCD的顺序，各自发表自己的意见。在这段时间里，可交付成果的价值迅速上升，开始"巡航（前进）"。

然而，在交换意见后，却出现了沉默，似乎大家都不知道该如何继续讨论。于是A开始作为编辑（抄写员）总结了大家的观点（发言5），讨论就又步入了"巡航（前进）"的路线。讨论持续了一段时间，到发言20时，累计价值达到了89，是最终实现的可交付成果价值120的74%。

转折点是B作为供给者做出的发言21，当时B略显不同的见解引起了争议，结果被否决掉了。随后引起了一系列的否决，使小组讨论陷入"搁浅"，并不时地出现沉默。这时，在发言28中，A意识到"搁浅"的根本原因，是小组在讨论的前提上犯了一个错误，于是他大胆地提出纠正一部分讨论内容，让可交付的价值一下子"逆行（退步）"到了59。紧接着又出现了沉默，讨论似乎再次陷入了"搁浅"的状态。

这种局面很快就被A的发言30所打破。以此发言为契机，现场意见再次趋同，讨论又开始回到了"巡航"的状态。此后，直到发言45，讨论中几乎再没有出现否决的情况。接近尾声时，A和D总结了共识（发言46、48和49），当讨论再次开始"巡航（前进）"时，作为编辑（抄写员）的B将此前的共识写在了白板上（发言47和50）。在最后一个时间段，可交付成果的价值不再有实质性的提高，曲线再次趋于平缓，就像是在"准备抛锚"。最终交付成果的价值达到了120，而内容分总分是194，这意味着大约40%的内容被否决了，60%的内容获得通过并被保留了下来。

总之，一开始，讨论成果的价值会因为意见交流而急剧上升，进入"巡航"的过程，但到了中途，讨论开始变得混乱，讨论成果的发展进入停滞阶段，转而陷入"搁浅"的状态。在中途经历了大幅修正导致的"逆行（倒退）"之后，才又回归到了"巡航"的路线。随着讨论结束时间的临近，价值的累加由于"准备抛锚"而逐渐停止。

通过这种方式记录讨论情况，可以具体了解小组讨论的进展过程，并能一目了然地看到谁的意见对讨论的进展起到了关键作用。第七章中提到的混乱模式，如"搁浅""漂流"和"沉没"，也可以通过这个演变图在一定程度上加以区分。

未来的挑战

到目前为止，我已经对小组讨论数据评价系统的优势进行了说明，但它在理论上和应用上都还远远不够完善。最后，我想总结一下这个系统面临的挑战。

首先，从实际情况来看，数据录入以及对发言的评价和打分都很耗时。记录每个人的发言内容和时长，需要大量的时间和精力，而更加困难的是，要判断给各个发言打分应该采用什么标准，并且实际进行赋分，是一项非常复杂的工作。在激烈的讨论中，进行实时记录和打分并不容易，所以可能需要根据录制的视频进行重新评价。以往分析足球比赛数据时，录入工作需要投入大量的人力，但现在借助信息技术和实时定位入系统，可以自动识别谁带球，随后传给了谁。以现在的科技水平，对于谁发表了多长时间的发言等问题，应该也可以实现自动化记录。

其次，发言的评分主要依靠评分者的主观判断。不可否认的是，知道用什么样的标准来评判一个发言的价值有多大，需要有很高的能力，所以不同的评分者打出的分数也可能不同。然而，这方面的问题可以通过设置多名评委而得到一定程度的改善，比如花样滑冰比赛和一些喜剧漫才比赛的评分机制就是如此。

还有一点，分数最大值的设置方式，会对评价产生重大影响。这在很大程度上取决于评价者对小组讨论观念的认知。在上面的数据示例中，给内容分的最高分值是协调分最高分值的两倍，但两倍这个赋值并没有明确的依据，所以也可以设计一个内容分和协调分最高分相等的统计方式。究竟如何设置需要研究制定出一些统一的规则。

尽管面临着这些挑战，不过一旦建立了某种评价体系，就可以考虑将其应用于研讨会、学习小组讨论或面试选拔中。想要建立这样一个系统，讨论数据录入和每个发言的评分是最耗时和最困难的部分，所以先用某些小组讨论作为样本进行实验可能是一个好主意。这听起来很烦琐，但这也是足球比赛数据分析的现状。即便有现代科技辅助，数据分析仍然非常耗时，所以目前它只在职业足球比赛中使用，并且分析机制仍在持续改进中。

  今后，企业会越来越注重员工与他人合作并共同创造可交付成果的能力。因此，我在心中相信，在几十年后，这种人际沟通能力的数据评价机制有一天会成为现实。